Apuntes sobre Joseph Cerneau y su Supremo Consejo del Rito Escocés Antiguo y Aceptado

El otro legado de Étienne Morin

Joaquim Villalta Mata
ArteReal Comunicación W&GA

Apuntes sobre Joseph Cerneau y su Supremo Consejo del
Rito Escocés Antiguo y Aceptado

Prólogo

No hay nada más certero que escribir, o mejor dicho, intervenir en un espacio vacuo de la historia, cuando esta así lo precisa, o quizá, me atrevo a decir que ese espacio está exánime por la contradicción irreverente de quienes se atreven a escribirla sin rubor alguno.

Decía José Saramago: "¿Qué diablos es la verdad histórica? Sólo algo que fue dibujado y luego a ese dibujo establecido se lo rodeó de oscuridad para que la única imagen que pudiera ser vista, destacada, fuera esa que se quiere mostrar como verdad. La tarea es quitar todo lo negro, saber qué es lo que quedó sin contar, sin mostrar."

El encargado en esta ocasión de la tarea de quitar todo lo negro y saber qué es lo que quedó sin contar es Joaquim Villalta, que pasa la trulla sobre las fisuras y reivindica la figura y la singularidad irrepetible, por ejemplo, de un personaje tan importante como Joseph Cerneau, y que también aborda temas sobre la patente Morin (Ya expuesto en una magistral conferencia) o la creación del Supremo Consejo de Francia, entre muchos temas, es decir, circunstancias aún poco conocidas para los hispanohablantes.

La obra de Joaquim no es anodina, ya nos ha demostrado la magnificencia de su pluma en sus anteriores libros: "En oro y azur" y "Palabra de Masón", su infatigable labor lo ha convertido en un referente de la masonería... dejando muy marcada su huella peregrina...

Como diría Wilde: "Sólo hay libros bien escritos y libros mal escritos", y Joaquim ya nos acostumbró a sus libros bien escritos.

Sólo me queda decir con laconismo expresivo: Gracias Joaquim por tan noble obra.

Eduardo Eid Rodríguez

33º, Gran Maestro del Gran Oriente Tradicional de Bolivia.

Supremo Consejo del Grado 33º para España del Rito Antiguo y Aceptado

Cerneau's Rite

Tras años de trabajo, estudio e investigación, resulta obvio que la formación historiográfica, simbólica, ética y social es fundamental y necesaria para construir el Templo individual y colectivo al cual nos debemos con nuestro compromiso libremente aceptado, siendo ésta una de las prioridades de nuestro Supremo Consejo, aportando a sus miembros todo tipo de materiales y procedimientos también de interacción tecnológica siempre buscando la excelencia.

Liberados de todo Dogma irracional impuesto, limpios de todo atisbo de ignorante tiranía, nuestro Supremo Consejo del 33° para España del Rito Antiguo y Aceptado, Rite de Cerneau, en la más estricta y pura línea de transmisión Morin, Franken, Hayss, Hacquet, apuesta por el equilibrio de Tradición y Modernidad. Conscientes de ello, nuestra Potencia Masónica mantendrá siempre respeto y fidelidad a las auténticas prácticas filosóficas, pero a su vez, nunca se enquistará en falsos mitos y falacias inventados por conveniencias perversas de los magnos ideales de la Orden.

Es de justicia que, aún de forma modesta por su extensión, volquemos al lector estudioso ya sea neófito en este tema de la Orden, u otros más experimentados que pretendan hacer una incursión libre y no condicionada, basada en fuentes plurales y con respeto al libre pensamiento y a la libre práctica regular de este Rito Antiguo y Aceptado, seguidor de la línea del Muy Ilustre hermano Joseph Cerneau, absolutamente legítima.

Supone un orgullo esta vía de desarrollo, y solamente me resta expresar mi gratitud y reconocimiento a todos y cada uno de aquellos Hermanos y Hermanas que conformamos esta fraternal Familia y a todos aquellos que siguen nuestro devenir masónico con fraternal apoyo e interacción. Hoy abrimos esta dinámica de trabajo para contemplar el panorama histórico del pasado en el Rito Antiguo y Aceptado con la seguridad de que mediante otros ensayos describiremos nuestro pasado más reciente y nuestro entorno actual en la Orden.

Joaquim Villalta Mata, 33º

Muy Poderoso Soberano Gran Comendador

"Breve esquema biográfico de Joseph Cerneau"

(Villeblevin 1765, circa 1846) Hijo de Elme Etienne Cerneau, director de la escuela primaria de Villeblevin, y de Félicité Perpétue Gâteau, el importante papel desempeñado por Joseph Cerneau en la historia del Rito Escocés Antiguo y Aceptado no se ha definido todavía con precisión a día hoy.

En 1801, en el cuadro de la "Réunion des Cœurs Franco-Américains" constituida en 1789 en Port-au-Prince por la Gran Logia de Pensilvania con el número 47, logia cuyo venerable maestro era entonces el notario Germain Hacquet, Joseph Cerneau es el guardasellos y archivos de la logia, comerciante de orfebrería de profesión.

Cuando la Gran Logia de Pensilvania fundó una Gran Logia Provincial para Santo Domingo en enero de 1802, ocupó allí el cargo de Segundo Gran Vigilante. Dos años después, refugiado en Cuba, solicitó a la Gran Logia de Pensilvania la creación de La Logia "El Templo de las Virtudes Teologales" en La Habana, que recibió el número 103, y de la que fue venerable fundador.

El 15 de julio de 1806, en Baracoa, Antoine Mathieu-Dupotet lo nombró "Diputado Gran Inspector para la parte norte de la isla de Cuba" y le otorgó la Patente a tal efecto. Una carta de su logia, leída en Filadelfia en enero de 1807 ante la Gran Logia, lo elogiaba y explicaba que tras las denuncias de hermanos indignos, Cerneau y su familia fueron expulsados de Cuba.

Llegado a Nueva York en noviembre de 1806 Cerneau se hizo amigo de John W. Mulligan (1768-1862), futuro Gran Tesorero (1814) y Gran Maestre Adjunto (1820) de la Gran Logia de Nueva York, y fundó con él varios talleres, entre ellos un Gran Consistorio en octubre de 1807 y un Gran Consejo, "De la Très Sainte

Trinité", el 28 de octubre de 1808, que anunciaba su creación en una carta leída el siguiente 7 de diciembre a la Gran Logia de Nueva York.

En el Directorio de la ciudad de Nueva York de 1809-1810, Cerneau fue nombrado Gran Inspector General, ex Gran Comendador y miembro de este Soberano Gran Consejo de Príncipes del Real Secreto.

El 2 de enero de 1810, se convirtió en miembro de la Logia de Washington No. 21 (Gran Logia de Nueva York) a la que pertenecería hasta su regreso a Francia. Dos días después, se publicó en Filadelfia un artículo anónimo que atacaba a Cerneau con violencia.

El 25 de mayo de 1812, en circunstancias tan oscuras como las que presidieron la fundación del Supremo Consejo de Charleston en 1801, Cerneau abrió un Supremo Consejo en Nueva York.

El 4 de diciembre siguiente, un diputado de este Supremo Consejo formó el Gran Consistorio de Luisiana en Nueva Orleans. El 14 de septiembre de 1813 tuvo lugar en Nueva York un encuentro entre Joseph Cerneau y Emanuel de La Motta, miembro del Consejo Supremo de Charleston (Dalcho).

Esto acabó con un final de inadmisibilidad recíproca, cada uno de los protagonistas negándose a reconocer la autoridad del otro, y dando lugar a una polémica en la prensa neoyorquina. En enero de 1813, La Motta declaró la expulsión de Cerneau de la masonería con la aprobación del Supremo Consejo de Charleston. Pero de ninguna manera está establecido que la fundación de un Consejo Supremo en Nueva York por La Motta haya recibido la misma aprobación, o incluso que haya sido puesta en conocimiento del Supremo Consejo de Charleston.

Durante los años siguientes, Supremo Consejo (Gran Consistorio) de Cerneau creó muchos talleres en Estados Unidos mientras que el Supremo Consejo de Charleston y el de La Motta (Nueva York) no fundaron ninguno. Germain Hacquet fue su representante en el Consejo Supremo de Francia en 1811, y en el Consejo Supremo del Gran Oriente de Francia en 1816.

La confusión llegó a su apogeo cuando el Gran Comendador Dalcho, en diciembre de 1821, sugirió que Cerneau compartiera el territorio de los Estados Unidos entre sus respectivos Supremos Consejos.

En 1826, los talleres de altos grados, fundados en Charleston por Cerneau, fueron dirigidos por el Gran

Maestre y el ex Gran Maestre de la Gran Logia de Carolina del Sur.

En noviembre de 1827, Joseph Cerneau regresó a Francia, armado de un documento, descubierto y publicado en 1998, en el que sus hermanos neoyorquinos le expresan su agradecimiento. En 1841 y 1842, recibió ayuda financiera del Gran Oriente de Francia.

Su certificado de miembro honorario de la Gran Logia de Cuba lleva tres visas de logias que visitó en Francia, la última de las cuales fue colocada el 28 de junio de 1846 por los "Corazones Unidos" al Oriente de Melun.

El carácter y la actividad masónica de Joseph Cerneau han sido objeto de violentos ataques durante más de un siglo. Pero el historiador de la logia Washington escribe al respecto: "El hermano Cerneau parece haber sido un masón entusiasta además de organizador.

Durante los diecisiete años de su membresía en nuestra logia y, como tal, en nuestra Gran Logia de Nueva York, no hemos encontrado nada en los archivos de estos dos cuerpos para dar crédito a las acusaciones en su contra.

Los talleres que el Supremo Consejo de Cerneau había fundado en Estados Unidos (y en Brasil) iban a envenenar la existencia de los dos Supremos Consejos de Estados Unidos durante el siglo XIX.

El Gran Comendador Albert Pike dedicó muchos artículos a demostrar su irregularidad. Pero como hasta la fecha no se ha encontrado ningún documento que determine la autoridad bajo la cual se fundó el Supremo Consejo de Charleston, la cuestión no puede decidirse de derecho si no de hecho.

La expresión "Rito de Cerneau" no cubre ninguna realidad. Hasta 1812, en virtud de la patente que había recibido en 1806, Joseph Cerneau y los talleres fundados por él practicaron las 25 filas de la Ordre du Royal Secret d'Estienne Morin .

Alain Bernhein: *"Enciclopedia de la francmasonería"*
(Edición libre en línea)

"Los Auténticos Landmarks en Masonería"

Como recordatorio al tema de los Landmarks, exponemos una vez más un extracto - resumen de un trabajo sobre derecho masónico elaborado por el Hermano colombiano Rodolfo Mantilla Jácome, Gr∴ Or∴ Fisc∴ de la Gr∴ Log∴ de los Andes y Director de la revista Solidaridad, que puede encontrarse en la red. Es por su brillantez que lo exponemos en este espacio a modo de análisis y reflexión.

Introducción previa:

1.

Los Landmarks o Antiguos Límites, son los Principios Generales de Derecho Masónico, normas de derecho no escrito, que cumplen una importantísima tarea fundamentadora, interpretativa, integradora y limitadora. Constituyen reglas rectoras, punto de partida y de referencia, cuya observancia permite garantizar la conservación de la esencia masónica siempre y en todos los lugares. Nos estamos refiriendo entonces a aquellas ideas básicas sobre las que se funda la Institución Masónica, que surgen lógica y racionalmente de lo que ha sido, es y será la Orden en su propia naturaleza.

Tienen como características el ser fundamentales, preexistentes, subordinantes, universales e inmutables. Están allí, y allí permanecen sin necesidad de ser enumerados, ni contenidos en un código.

Se trata entonces de entender que al hablar de estos Landmarks, Antiguos Límites o Principios Generales de Derecho Masónico, nos estarnos refiriendo es, a esas categorías intelectuales, éticas, institucionales que nos recuerdan con certeza lo que es y lo que no es la Masonería, sin que pueda haber alguien tan osado y pretencioso de codificarlas, afirmando que son esos y nada más que esos, dándole además dogmáticamente un carácter inmodificable a su enumeración.

2.

Los Antiguos Usos y Costumbres, también son normas de derecho no escritas, que sin tener las características de los Landmarks, cumplen una tarea supletoria en el derecho masónico, ante los vacíos de la ley positiva. No pueden oponerse a la ley escrita. Pueden ser eliminados, sin que se afecte la esencia de la Orden. Los Antiguos Usos y Costumbres, que no tienen la connotación de principios generales, sino que deben ser estudiados como practicas reiteradas, que por lo mismo se han convertido en costumbres aceptadas, de carácter supletorio ante la ley masónica y sometidas a un régimen diferente, entre otras razones porque estas no tienen el carácter de esencialidad, e inalterabilidad o inmutabilidad.

La exigencia de la creencia en el G∴ A∴ D∴ U∴, y la exclusión de la mujer no son reglas esenciales o fundamentales para la Orden Masónica. Resaltemos que en su enunciación, la Gran Logia Unida de Inglaterra las señala en lugar diferente a los Antiguos Limites.

Los tradicionalmente presentados como Landmarks, como la lista de Mackey y otras similares, suelen ser antiguos Usos o Costumbres, pero no Landmarks o Principios Generales de Derecho Masónico, pues no reúnen las características ya anotadas para estos. En ese sentido, la creencia en el G∴ A∴ D∴ U∴ y la regla de la exclusión de las mujeres, son Antiguos Usos pero no Landmarks.

Pueden ser eliminados, sin que se afecte la esencia de la Orden. De hecho, las Logias europeas que ya retiraron estas prohibiciones siguen siendo esencialmente masónicas, siendo el problema, más de relaciones internacionales en lo que respecta al reconocimiento masónico, pero eso es otra cosa sobre la cual tendremos que referirnos en otra oportunidad.

Claros Landmarks:

- La Masonería es una Institución cerrada

- El Simbolismo de la Masonería

- La Logia, como lugar físico y espiritual de los Masones

- La Masonería es defensora de los derechos humanos

- Los Masones son seres humanos de buenas costumbres

- La Masonería le opone al dogmatismo, el libre examen, el libre pensamiento y la razón

- La Masonería es ajena como institución a la práctica religiosa

- La masonería es ajena como institución a la práctica política

- La masonería es una institución democrática

Instrucción básica: La Logia, el Triángulo y la Obediencia

Con frecuencia se ha pretendido sentar cátedra sobre conceptos simplemente arbitrarios. Siempre estaré agradecido a los IIPPHH como Girard o Mourgues que basaban la tradición y su legado más allá de la normativa y reglamentación institucional. Quedé fascinado de su visión límpida, lógica y de aplastante sabio criterio.

En la masonería histórica y tradicional, todo es más sencillo de lo que parece y otros quieren complicar.

Este modesto desarrollo lo dedicaré a conceptos absolutamente de base, pero precisos para alejar ignorancias perversas e interesadas. Vamos a ello.

Hablaremos de las Obediencias en su más puro sentido tradicional e histórico:

Las Obediencias (obedecer a los más puros y éticos valores morales) están actualmente organizadas en " Gran Oriente", "Gran Logia" o "Logia Independiente", cuyo funcionamiento está definido por su reglamento particular.

Organizaciones obedienciales

La Logia tradicional es una asociación compuesta como mínimo por siete masones, de los cuales al menos tres deben ser Maestros. Es la célula fundamental de la francmasonería

- Un Gran Oriente es una federación de tres logias mínimo, trabajando en ritos diversos.

- Una Gran Logia lo hace, mínimamente tres logias trabajando el mismo rito.

- Una Logia Independiente es aquella que no está sumisa a ninguna federación.

- Un Triángulo es una asociación de tres masones, de los cuales, mínimamente deben ser dos

Maestros. El triángulo no puede proceder a la transmisión iniciática si no satisface el número de participantes requeridos para una logia.

Esta sencilla exposición tradicional se ha visto manipulada y pervertida por apreciaciones estructurales y de política masónica que han degenerado su base receptiva original. A veces, lo claro, simple y sencillo es lo auténtico. Este es el caso.

Más adelante abordaremos los privilegios históricos de los altos grados interactuando en masonería azul. Pero dejemos madurar y reflexionar en la simplicidad por el momento.

El Rito de Martin de 25 grados de la Grande Loge de France

He creído interesante plasmar la idea relativa al denominado Rito de Martin y los personajes implicados en ese entorno, mediante un extracto del extenso libro de John Yarker, "The Arcane Schools" publicado en 1909, teniendo en cuenta la relación personal que el autor tuvo con Harry Seymour quien, pese a ser una figura controvertida en su quehacer masónico, estuvo en primera línea de uno de los Supremos Consejos de Cerneau. Sirva esta cita extensa como una pincelada muy característica de la historia.

"Mientras tanto, la Gran Logia de Francia se estaba afirmando, y como Henry Martin se dirigía a las Indias Occidentales y fue nombrado Gran Inspector para reemplazar a Morin, los rituales, estampados, firmados y sellados, se ordenó el 17 de agosto de 1766 que se prepararan y se le fueran entregados. Trabajó en el Consistorio establecido previamente por Morin, aunque hay pocos registros de ello. Fue sucedido en su cargo por Matthew Dupotet, con quien estaba el francés Joseph Cerneau. En 1801 se cree que Dupotet y German Hacquet habían convertido el

Consistorio de Santo Domingo en un S. G. C. del grado 33 ° del rito escocés. Hacia finales de 1802 se produjo una segunda insurrección de los negros, y Cerneau huyó a Cuba y Hacquet a Francia pasando por Nueva York. Dupotet parece haber designado, el 1 de julio de 1806, a Joseph Cerneau como Gran Inspector de Cuba. Hacquet revivió el Rito en el Gran Oriente de Francia en 1803, y Cerneau estableció un S.G.C. del 33º Grado en Nueva York el 22 de octubre de 1807, aún floreciente. Emanuel de la Motta, de Charleston, en 1813 le dio problemas al establecer su S.G.C. ahí; Folger lo trata como un loco lunático; y lo hizo bien.

Debemos mencionar que los Lacornitas continuaron causando problemas a G.L. de Francia, y en 1766 una decena de ellos fueron expulsados. El Conde de Clermont murió el 16 de junio de 1771, y con la ayuda del duque de Luxemburg, y el reconocimiento de la Gran Logia de Londres, Philip Egalite fue elegido G.M. de un nuevo Gran Oriente, que en 1786 redujo los grados a siete, u 8 con el Kadosh.

Ahora tenemos los "Martinitas", los "Morinitas" y el "Rito Francés"; y la principal distinción entre los dos primeros es la siguiente: en el Rito de Morin el 33º Grado afirma gobernar toda la masonería bajo la pretendida Carta de Federico de Prusia; con el Rito de Martín los cuerpos se rigen principalmente por el grado 32º, y el grado 33º forma una Corte Suprema de Apelaciones."

Un rico fragmento cuyos múltiples elementos de reflexión y análisis colaterales seguro que no dejan a nadie indiferente.

Hemos expuesto con antelación unas interesantes investigaciones y hallazgos sobre el Cerneauismo. Por más que se creyó que el paso a Bricaud en 1919 del Rito de Cerneau fue el fin de un ciclo y la apropiación ritual por parte de determinada Potencia Masónica y posteriormente de su derivado Supremo Consejo de Ritos Confederados, así como otras y posteriores copias bufas y casi grotescas en vista de sus cabezas representativas, ha quedado constatado que el Supremo Consejo de los Estados Unidos de América, sus Territorios y Dependencias se mantuvo vivo hasta por lo menos 1951.

Sería por tanto estúpido, pretender la posesión única, exclusiva y hereditaria de una versión coexistente de la misma fuente de Morin, quien además generó ex novo su Orden del Real Secreto. Es desde este instante como las filiaciones de Morin con base ritual traída de Francia y retocada en América no plantean líneas ortodoxas ni heterodoxas. Fluyen a partir de Morin, Francken, Hays y así, curiosamente, concurren nuevamente en Francia con Grasse Tilly y Hacquet.

Paradojas de la providencia. Nadie en absoluto, quiera ser amo y señor de un rito a quien invito a estudiar y profundizar a fondo.

Leamos a Messeca, Bernheim... entre otros. Y por favor, no hagan determinados elementos sentir vergüenza ajena. Resulta divertido, pero penoso, aquel que pretenda ser fons et origo de la Orden, capo ritual y además, incluso misógino. El estudio es fundamental para este tipo de personas.

Ya para apostilla en cerebros vacíos, ¿De dónde salió la Patente de la Orden del Real Secreto? ¿Y la de Charleston? ¿Y la de New York? Ciertamente estaban en su derecho de transmitir su legado y compartirlo. Los posteriores superhéroes e iluminados ya sobran. Reflejo de sus complejos de inferioridad e ignorancia.

Consideraciones sobre el Rito de Cerneau y el "Cerneauismo"

Tenemos la fortuna de contar con infatigables y estudiosos académicos que, mediante un riguroso y actual trabajo procedimental, desde su intachable ética y amor a la Orden, son faros que iluminan hasta hacer añicos manipuladas y condicionadas ideas ya rancias hoy en día. Quiero resaltar muy especialmente la labor de referentes como Messeca o Bernheim, cuyas aportaciones sobrepasan todo adjetivo calificativo para bien.

El denominado Rito de Cerneau, mejor expresado como Rito Antiguo y Aceptado según expusimos, es sin duda ninguna una evolución del Rito de Morin a cuya progresión procesal en 25 Grados, éste denominó Orden del Real Secreto. De facto, jamás existió el equivocadamente denominado Rito de Perfección en 25 grados.

Claro que hubo sin ninguna duda en los años 1760, una "Masonería de Perfección" en diez Grados practicada en el sudoeste de Francia, pero Morin no hizo otra cosa más que desarrollar su propio sistema, no inventado de la nada, sino fundamentado en el material ritual francés ya existente por doquier y que llevó consigo a las Américas, con el supuesto encargo difusor de la visión del reestructurado cuerpo masónico parisino, con Chaillon de Jonville al frente, que para nada era el que Morin posteriormente estructuró con su Orden del Real Secreto.

Es a partir de la obra de Morin donde van a surgir dos evoluciones diferentes pero concomitantes en Charleston y Santo Domingo/Kingston. Pero atención: no caigamos en la tentación muy dada en los Estados Unidos de América de tildar a una línea herética (la de Cerneau y la de Hacquet) y otra ortodoxa (la de Charleston). Ese sería un error monumental!

El año 1804 supone el encuentro de dos sistemas concurrentes que provienen de la misma línea de transmisión MORIN/FRANCKEN/HAYS: el de Hacquet con el de Grasse - Tilly.

La continuidad según la propia NMJ respecto al Cerneauismo se pensaba terminada con la muerte de Bailyss en 1919, y con el pase recibido por Bricaud ese mismo año, con las sucesivas líneas de Ambelain y la Guerra de las Galaxias, que aún hoy en día son penosas en otro Rito que se lo intentó fagocitar hasta rozar lo ridículo en algunos dignatarios que apenas firman con su huella dactilar.

La documentación actual, y en depósito de la NMJ, dejó estupefactos a propios y extraños cuando se puso de manifiesto que el Supremo Consejo de Cerneau de New York con la denominación de Supremo Consejo de los Estados Unidos de América, sus Territorios y dependencias reactivado en 1881 por Thompson/Folger, se mantuvo vigorosamente vivo en dicho país hasta por lo menos 1951 (fuente: Museo y librería de la NMJ del REAA, USA).

Para no alargarnos hoy más con este tema, hemos creído conveniente activar un Círculo de trabajo, estudio académico, análisis e investigación sobre los propios ideales del M. Il. H. Cerneau, sus prácticas rituales en logia Azul (rito moderno, por cierto, ante la cara de estupefacción que algunos garantes y supuestamente curadores pondrán) y lo vamos a hacer primeramente traduciendo su propia obra, escrita en español y editada en New York (1821) lo cual generará sin duda inquietudes diversas, mediante una perseverante actitud en la continuidad de nuestras pesquisas y diversas labores, exponiendo todos nuestros resultados y dándolos a conocer compartiéndolos progresivamente.

El Rito siempre vigente

Resulta fascinante para los historiadores y masonólogos, descubrir y dar luz a informaciones que esclarezcan y rompan con ideas arcaicas y predeterminas. Sobre el Rito de Cerneau, mucho se ha hablado y escrito con los condicionantes de las jurisdicciones Norteamericanas.

Hasta hace bien poco, se suponía que este Rito desapareció en 1919, por traspaso a otros, y supeditado al libre albedrío de los Popes de turno. Pues NO!.

Queda constancia demostrada que el "Cerneauismo" se mantuvo vivo de forma fehaciente hasta 1951 en los Estados Unidos de América, aun no conservando (tal vez) el espíritu último del propio Joseph Cerneau ya fallecido, quien poseía su propia magna visión de la Orden.

Sea como fuere, y a través de las consabidas filiaciones siempre recurrentes, existe otra realmente espectacular, pura, fiel, digna, y además de detentar las anteriores, nos aporta el fiel legado del Muy Ilustre hermano Cerneau.

Dejaremos para otras ocasiones un análisis puro y duro sobre el Rito Escocés Antiguo y Aceptado, el Rito de Heredom, el Rito de la Orden del Real Secreto, y las falacias relativas al fundamento de Charleston sobre las Constituciones de Federico de Prusia inventadas sin pudor y engañosamente datadas en 1786.

Estamos hablando, entre otras, de la filiación Folger / Baylisss, amplia además en bibliografía y muy recomendable de ser leída. Para no extendernos en este apunte, valoramos enormemente y agradecemos la ingente labor del Muy Ilustre Hermano Daniel Greux, quien sin duda poseía una filiación regular del Rito de Joseph Cerneau.

Su labor incansable, altruista, filantrópica y perseverante, es ejemplo para todos nosotros y para la Verdadera y Franca Masonería Universal. Desde el Supremo Consejo del Grado 33º para España del Rito Antiguo y Aceptado, quedamos infinitamente agradecidos por su labor y fraterna disposición, al mismo tiempo que tenemos la certeza que toda Iberoamérica le guardará el mismo afecto y consideración ante su ingente labor.

Supreme Council
Sovereign Grand Inspectors-General, Thirty-Third and Last Degree
Ancient and Accepted Scottish Rite of Freemasonry
for
The United States of America, their Territories and Dependencies
Grand Orient, New York City

OFFICE OF THE SOVEREIGN GRAND COMMANDER
BROTHER FERDINAND BOSWELL, 33°
77 DEDHAM ROAD, WESTFORD, MASS.

March 18, 1949

Dear Buster Frank:

  I have found a copy of the 33rd ritual made by one of our 33rds in Washington a number of years ago. I have compared it with the Hayes copy and find it the same. Evidently it was made from that original ritual.

  Keep it for your own use and you will be sure of a proper copy.

  The diplomas are in the hands of the engrosser and you will have them soon. I found a real sheepskin for the 33rd. These are hard to get now. They were of the sheepskin material which were exported from Japan before the war but are out of the market now.

  Had another snowstorm last night but the snow licked it today. Regards to the bridge expert as well as yourself from Us,

  Cordially

Sobre la iniciación de Robert Moray y su nula relación escocista

Presentamos este interesante apunte del muy querido amigo y Hermano Patrick Négrier, prestigioso historiador de la Francmasonería, siendo uno de los máximos especialistas en la investigación masonológica anterior al 1717 fundacional de la Gran Logia de Londres, así como de su desarrollo y evolución posterior ritual, filosófico y procedimental dentro de la Orden.

Estamos convencidos de que este breve trabajo, generará la inquietud de profundizar en la ingente obra de este autor y nos conducirá a aclarar de una vez por todas, determinados aspectos que aparecen mezclados, confusos e inciertos respecto al origen y desarrollo de la francmasonería que ha llegado a nuestros días en sus múltiples y diversas variantes formales, tomando por ciertas algunas falsas informaciones que circulan erróneamente de boca a oído aún a día de hoy, haciendo incluso de las redes sociales una herramienta expansiva a veces poco fiable que precisa de un correcto filtrado en cuanto a la veracidad tanto de fuentes como de contenidos.

"El primer rito de la francmasonería fue el rito inglés y católico de los Antiguos Deberes (aparentemente ya en York en 1370; y ciertamente con el Regius de 1390).

A partir de la Acta de supremacía de 1534, este rito se transformó en anglicano.

En 1599 los segundos Estatutos Schaw demandaron a la logia calvinista presbiteriana de Kilwinning que practicara un arte de memoria ya que ésta no quería ya practicar el rito anglicado de los Antiguos Deberes, por lo que elaboró entre 1628 (fecha probable de la redacción del Lamento de las musas de Henry Adamson donde menciona el Mason Word) y 1637 (fecha del primer testimonio histórico de la aparición del Mason Word) un segundo rito masónico: el rito exclusivamente calvinista presbiteriano denominado rito de la "Palabra de Masón" (Mason Word) que tomará una forma más desarrollada a partir del primer catecismo simbólico: el Edimbourg de 1696, ritual del Mason Word (Mot de Maçon en francés) de la Logia de Canongate, cerca de Edimburgo.

Robert Moray (primer no operativo de quien se tiene constancia documentada de su iniciación, así como primer presidente de la Royal Society) ¿fue recibido en el Rito de los Antiguos Deberes o en el Rito del Mason Word?

El 20 de mayo de 1641 en Newcastle, Inglaterra, la logia masónica escocesa de Edimburgo recibió como masón aceptado a Robert Moray[1].

¿Moray fue recibido en logia masónica en el rito anglicano de los Antiguos Deberes (que era el entonces practicado por ciertas logias escocesas como lo ha demostrado el Profesor David Stevenson)[2] o bien en el rito escocés y calvinista del Mot de Maçon?

Dos hechos podrían aparentemente hacernos pensar que Robert Moray fuera recibido en el rito del Mot de Maçon. En primer lugar, él era escocés y colaboró con los escoceses calvinistas presbiterianos (covenantarios); y seguidamente una adición de una tinta diferente en una nota de John Evelyn sobre el

---

[1] David STEVENSON, "Masonry, symbolism and ethics in the life of Sir Robert Moray, FRS" en Proc Soc Antiq Scot, 114, 1984, p. 405-431.
[2] En Les Premiers francs-maçons. Les loges écossaises originelles et leurs membres, Editions Ivoire-clair 2000.

Mot de Maçon enuncia que Robert Moray habría hablado del Mot de Maçon a John Evelyn[3].

No obstante, tres otros hechos contradictorios con los dos hechos que acabamos de mencionar nos impiden pensar que Robert Moray fuera recibido en logia masónica en el rito del Mot de Maçon. De entrada, en 1641 la logia de Edimburgo no practicaba el rito del Mason Word sino el rito de origen inglés y anglicano de los Antiguos Deberes.

En efecto, en 1641, y según la documentación histórica actualmente conocida, solamente dos logias masónicas escocesas practicaban el rito del Mot de Maçon: la logia de Kilwinning y la logia de Perth[4].

Por otra parte, la práctica del rito del Mot de Maçon no aparece en la logia de Edimburgo Mary's Chapel hasta el 1715[5].

---

[3] John EVELYN, British library, Evelyn papers JE C4, p. 24 en Michael HUNTER, The Occult Laboratory: Magic, Science and Second Sight in Late Seventeenth-Century Scotland, 2001, p. 32.
[4] Henry ADAMSON, Thrénodie des Muses, 1638 (para la logia de Perth); Contrat de Perth, 1658 (la logia de Perth afirma que había recibido el rito del Mot de maçon de la logia-madre de Kilwinning).
[5] Patrick NEGRIER, La Tulip. Histoire du rite du Mot de maçon de 1637 à 1730, Editions Ivoire-clair 2005, p. 64.

Además, Robert Moray presentaba su pentáculo como su "marca de masón": a casusa de la iconoclastia calvinista los masones calvinistas presbiterianos de Escocia practicantes del rito presbiteriano del Mot de Maçon no poseían marca masónica alguna; a lo sumo podría admitirse que en el siglo XVII solamente los masones escoceses de confesión arminiana o episcopaliana, que practicaban por tanto el rito de los Antiguos Deberes, poseían marcas[6] .

Finalmente, un último argumento: la marca masónica de Robert Moray representaba un pentáculo, símbolo que en el siglo XVII era totalmente ajeno al rito presbiteriano del Mason Word, el cual en 1641 se ceñía aún, conformemente al principio reformado del "Sola Scriptura", a unos materiales exclusivamente extraídos de la Biblia y como sucede en Gálatas 2,9 y en I Reyes 7,21: la práctica de la "garra" (agarre de mano) acompañada de la comunicación de las dos

---

[6] Hemos demostrado sobre este sujeto en Art royal et régularité dans la tradition de 1723-1730 (Editions Ivoireclair 2009) que el Libro de las Marcas de la logia de Aberdeen fraudulentamente datado en 1670 era en realidad un fraude enteramente fabricado en todas sus piezas a principios del siglo XVIII por el poco escrupuloso pastor presbiteriano James Anderson; la práctica del rito del Mot de maçon en la logia de Aberdeen solamente está atestiguada a partir de 1699.

palabras de paso B... y J... que eran los nombres de las dos "columnas" del templo de Jerusalén.

Por estas tres últimas razones de orden histórico y teológico llegamos a la conclusión que Robert Moray no fue recibido en logia en el rito del Mot de Maçon sino en el rito de los Antiguos Deberes como también lo fuera igualmente en el caso de Elías Ashmole en 1646."

Cualquier presunta vinculación histórica de dichas iniciaciones con el rito Antiguo y Aceptado es pura fantasía, habida cuenta que todas las estructuras actuales nacen de la misma fuente: esto es el Mason Word Escocés.

La distribución actual de los Grados del Rito en España

Atendiendo a la última reunión del Gran Comité Ejecutivo y Santo Imperio del Supremo Consejo del Grado 33° para España del Rito Antiguo y Aceptado, Cerneau's Rite 1804, y con la finalidad de conseguir una excelencia en la trayectoria masónica de sus miembros, se ha ratificado la secuencia para conferir los siguientes Grados obligatoriamente por iniciación, quedando así: 4, 9, 12, 13, 14, 15, 16, 17, 18, 22, 26, 28, 29, 30, 31, 32, 33.

Algunos materiales en la red, la CORNELL UNIVERSITY LIBRARY

Es de agradecer la ingente labor que realiza la CORNELL UNIVERSITY LIBRARY dando a conocer los materiales bibliográficos alrededor del Muy Ilustre Hermano Joseph Cerneau para que, por fin, se haga justicia en su ingente labor y regularidad de su filiación Morin / Franken/ Hays , incontestable sobre el Rito Antiguo y Aceptado, que por razones de moda y contraposiciones vino a llamarse Rito Escocés Antiguo y Aceptado.

Entre las obras históricas que cuenta la biblioteca de nuestro Supremo Consejo para España del Rito Antiguo y Aceptado – Rite de Cerneau destacamos la siguiente de 1881 del prestigioso Hermano e historiador Rober B. Folger con el título de

The ancient and accepted Scottish rite, in thirty-three degrees. Known hitherto under the names of the "Rite of perfection"--the "Rite of heredom"--the

Alguna bibliografía histórica trascendental alrededor del Rito Antiguo y Aceptado"

Para los estudiosos de la historia de la masonería, y muy especialmente para los practicantes del Rito Antiguo y Aceptado seguidores del legado del M. Il. H. Joseph Cerneau, resulta imprescindible la lectura de algunos libros emanados del círculo de influencia del Supremo Consejo para los Estados Unidos de América, sus Territorios y Dependencias que inició su andadura plena con su fundación en New York en 1812.

Entre dicho material bibliográfico, destacaríamos "La Senda de las Luces" escrito por el propio Hermano Cerneau" en lengua española en 1821, "Reply to de War Whoops of Enoch T. Carson" de Robert B. Folger, publicado en 1886, y también "Condensed History of the Ancient and Accepted Sottish Rite Masonry from its introduction into the United States to the present time" de 1903.

En "La Senda de las Luces", el M. Il. H. Joseph Cerneau
nos presenta a modo de manual, una obra en la que
cual abanico, se recorren los principios generales de

la Orden según la visión del momento, así como unas secciones que describen las funciones de los oficiales de la Logia así como su método de trabajo.

En ella, como no puede ser de otro modo y siguiendo el estilo de este tipo de trabajos, se describe al más puro estilo andersoniano, una historia mítica de la masonería, cargada eso sí, de una fuerte influencia ramsayana, propia de su naturaleza original que dio pie a los Altos Grados nacidos y desarrollados en Francia.

No obstante, esta obra se centra en la masonería simbólica y en sus respectivos apartados enfocados a modo de Memento y de instrucciones de Grado, aparece de manera meridianamente clara la naturaleza Modern de los tres primeros grados con una extraordinaria cercanía formal y de contenidos al Régulateur du Maçon, con algunas puntuales diferencias tan sólo, lo cual nos ratifica que de facto, las formulaciones rituales desde la Orden del Real Secreto de Morin hasta su desarrollo y ampliación a 33 Grados, eran sin duda alguna sistemas de Altos Grados que contemplaban su cursus iniciático más allá del Tercer Grado.

Solamente razones de índole competencial y obedienciales empujaron a la "invención" de unos rituales simbólicos para el REAA, por citar un ejemplo, debiendo quedar los conceptos Antiguo y Aceptado más bien a modo de seguimiento de una tradición compartida y practicada en diversos Orientes, sobretodo descubierta la falacia prusiana de las Constituciones de 1762 y de 1786, y del oscuro y misterioso nacimiento ocurrido en Charleston.

Desgraciadamente se ha querido silenciar y demonizar la ingente y regular labor de Joseph Cerneau, quien siempre fue respetado y reconocido por el Gran Oriente de Francia, entre otras Potencias Masónicas, siendo ésta especialmente significativa por ser la heredera y tierra de cultivo de la mayor parte de los Sistemas Rituales continentales en Europa.

Así, la obra de Robert B. Folger quiere sacarnos de la ignorancia mediante una narración cronológica y documental que aporta una significativa información de suma importancia.

Entre otras, Folguer nos recuerda que el establecimiento del Supremo Consejo de Grasse Tilly en París en 1804, y la disputa que tuvo lugar entre este Supremo Consejo y el Gran Oriente de Francia, terminó con la sumisión de dicho Supremo Consejo mediante el Concordato de 1804 que supuso su integración en el seno del Gran Oriente, habiendo existido tan sólo 44 días desde su inicio, por lo cual el Rito en 33 Grados pasó a ser propiedad del Gran Oriente de Francia.

El Gran Oriente no consideró recibir un nuevo Rito, sino que tomo en posesión los grados adicionales al Rito de Perfección preexistente desde hacía ya más de 40 años. El Grado 33 era "nuevo" si éste fuera el término apropiado para aplicárselo, y se convirtió en la clave maestra del sistema conocido como Rito Antiguo y Aceptado.

El Gran Oriente al mismo tiempo repudió la fraudulenta Construcción de 1786, y puso dicho sistema en una base puramente Republicana o Representativa.

No debemos olvidar que el Hermano Germain Hacquet, amigo íntimo de Cerneau durante el tiempo de su tiempo de residencia en las Indias Occidentales, y quienes ambos fueron miembros y oficiales en el Rito de Perfección, retornó a Francia en 1803, trayendo consigo desde ese país el Rito original de Perfección en 25 Grados, el cual presentó al Gran Oriente de Francia — servicio por el cual fue recompensado por el Gran Oriente siendo nombrado Presidente de la Cámara de Ritos — y siendo al mismo tiempo de esta Unión del Supremo Consejo de Francia con el Gran Oriente en 1804, llegando a ser poseedor de todo el sistema, el Rito Antiguo y Aceptado.

Esta afirmación, la cual es, y ha sido durante más de 50 años, un asunto de tipo histórico nunca ha sido puesta en tela de juicio o negada, siendo del todo cierta.

Hubo otras fuentes que proponían que los grados adicionales y el 33 podrían provenir además de Charleston—Grasse, del mismo Gran Oriente que ya los poseía, siendo el Dueño de éstos, habiendo preservado y administrado el sistema desde el principio.

Germain Hacquet, quien fuera Presidente de la Cámara de Ritos del Gran Oriente de Francia, confirió a Joseph Cerneau el sistema del Rito Antiguo y Aceptado como muy pronto en 1805 — Cerneau y Hacquet tuvieron ambos el Rito de Perfección en las Indias Occidentales antes de 1801, y los grados adicionales fueron conferidos a Cerneau antes de que él partiera hacia New York City.

La prueba de que Cerneau tuvo los grados adicionales junto con el 33 antes de su llegada a New York, está perfectamente claro, como que él los confirió en 1807:

- Honorable John W. Mulligan

En 1808 y 1809 :

- Jonathan y Jacob Schieffelin,
- Dr. Charles Guerin,
- John P. Schisano, Toussaint Midy,
- J. B. Subrau y
- John B. Penzol

Desde 1810 hasta 1812:

- Honorable Dewitt Clinton,
- Honorable Cadwallader,
- D. Colden,
- Honorable Martin Hoffman,
- Elias Hicks, Thomas Lowndes,
- Joseph Bouchaud,
- Francis Dubuar

y muchos otros desde 1812, año en el que el Supremo Consejo estuvo completamente organizado.

El Soberano Gran Consistorio fue totalmente reconocido por el Gran Oriente de Francia en 1811, el Supremo Consejo en 1816, continuando otros reconocimientos a lo largo de su existencia por parte de la mayoría de los Supremos Consejos de todo el mundo. Desarrollaremos a parte la tercera propuesta bibliográfica.

Esperemos que con este tipo de trabajos y reflexiones la luz se imponga a una interesada oscuridad de manipulación histórica, restaurando la imagen de Joseph Cerneau y la de su ingente trabajo en pro de los elevados valores de la Orden y del Rito Antiguo y Aceptado en especial.

Sobre la "imprecisa y manipulada" definición de los conceptos "escocés" y "escocismo".

La creación del Mason Word hacia 1637 por los masones calvinistas de la logia escocesa y calvinista de Kilwinning, nace como respuesta a la obligación impuesta por Schaw de practicar un arte de memoria.

Esta logia, rechazando la continuidad de la práctica del rito de recepción prescrito por los Antiguos deberes anglicanos, opta por la forma de un catecismo simbólico, cuyo vocabulario está compuesto de imágenes conformemente a la tradición de las artes de memoria, pero unas imágenes verbales (metáforas, alegorías) debido en una parte a la confesión presbiteriana y por otra del carácter iconoclasta característico del calvinismo que forzó a dicha logia a esa sustitución de la imagen verbal en lugar de la imagen plástica.

Puede resultar chocante cómo, aprovechando o dotándose de este instrumento ritual, la Gran Logia de Londres innovó ontologizando el rito originalmente calvinista del Mason Word y se dio como marco jurídico las Constituciones de 1723, abriendo las puertas de la logia a todos los practicantes de la religión natural (orto-praxis moral) sin consideración para las ortodoxias que quedaban sólo como opiniones individuales rompiendo por este eclecticismo con la religiosidad confesional de los Antiguos deberes, abriendo la puerta a los ateos teóricos y al deísmo.

Antes de proseguir, creo que se hace necesario para centrar el término "Escocés", utilizado en el título de este capítulo, hacer un pequeño resumen de algunos aspectos fundamentales: desarrollado entre 1696 (Edimburgo) y 1711 (Trinity College), antes de ser transmitido por Anderson en 1714 a los futuros creadores de la Gran Logia de Londres de 1717, recordemos que el rito de Mason Word fue importado desde Escocia a Irlanda (1711) e Inglaterra.

En Inglaterra solo era practicado por la Gran Logia de Londres: las otras logias de Inglaterra, que se podrían con todo derecho llamar las antiguas logias operativas inglesas como las de York y de Chester, e incluso como la que publicó las Constituciones Roberts en 1722, practicaban el rito de los Antiguos deberes operativos ingleses. Así, aunque algunos sigan ignorándolo, los fundadores de la Gran Logia de los Antiguos practicaban el mismo rito que la Gran Logia de Londres (a saber el rito de Mason Word), pero gran número de ellos, siendo católicos, reprochaba a esta última haber roto con la religiosidad de los Antiguos deberes operativos (lo que se explica visto la orientación filosófica y ecléctica, es decir no confesional, de la Gran Logia de Londres) y fue una de las razones para que los masones irlandeses, la mayoría católicos, rompieran con la Gran Logia de Londres (cuyo rito practicaban) e integraron al Mason Word las oraciones inspiradas de la religiosidad confesional de los Antiguos deberes operativos.

Los fundadores de la Gran Logia de los Antiguos rechazaron la opción filosófica de la Gran Logia de Londres y prefirieron a la religión natural, una religiosidad confesional inspirada de aquella de los Antiguos deberes operativos.

No obstante, aunque la Gran Logia de los Antiguos tendió a inspirarse en el modelo religioso surtido por los Antiguos Deberes no practicaba sin embargo su rito: practicaba una versión del Mason Word. Entre 1710 y 1725, las logias escocesas que practicaban el rito del Mason Word eran de dos tipos: habían por un lado las logias calvinistas federadas por la logia-madre calvinista de Kilwinning, y había por otro lado las logias episcopalianas (arminianas, es decir próximas a los católicos y anglicanos) como la logia de Dumfries que practicaba en efecto el rito de MW (poseemos dos rituales de MW de esta logia: el Dumfries n° 4 de 1710, y el ritual de 1727 divulgados en la Confesión de un masón).

Los jacobitas siendo católicos solo habrían podido ser recibidos en logia en el rito de Mason Word en dos marcos instituidos: o la Gran Logia ecléctica de Londres, que estaba abierta a todas las confesiones, o en una de las logias no calvinistas de Escocia, como la logia episcopaliana de Dumfries, que practicaba este rito. Por tanto, insistimos una vez más, la masonería introducida en la Europa continental era del tipo o forma de lo que se calificaría como "Modern".

Los conceptos "Masonería Escocesa", "Escocismo" o "Escocés", son muy vagos y de imposible definición, salvo el de la particular génesis formal/ritual referida al Mason Word.

En cuanto a las otras acepciones del término "escocés", se abre un abanico de variables que en muchos casos han tergiversado la realidad original de la francmasonería (especulativa, por supuesto, y de la que somos únicamente herederos directos).

Cuando abordamos la figura de los Maestros Escoceses de los años 1740 en Francia que van a dar origen a la proliferación continental de sucesivos grados presentados como terminales en su momento (y sirve la posterior argumentación para los Scots Masters mencionados en algunas logias londinenses de los años 1730) y, consecuentemente, al nacimiento de lo que hoy conocemos como Altos Grados, se abre la veda que da entrada a las presupuestas prerrogativas y privilegios de un grupo de élite presentado apócrifamente como curador de la Orden y sus misterios, así como una puerta al sincretismo de lo más desordenado.

Curiosamente, cuando miramos estos primeros altos grados, como el "Maître Parfait", donde la leyenda de Hiram no juega ningún rol particular, vemos que la Palabra final comunicada es precisamente la misma que la Palabra del grado de Maestro de toda la tradición Francesa.

Como bien apunta Roger Dachez, esto nos podría hacer sugerir que se tratara de un antiguo grado (distinta forma) de Maestro.

Vemos por otra parte, sobre textos de 1725-26, un grado situado en tercera posición estructurado por los mismos secretos del grado de "Maestro de Logia" algunas décadas después, o como "Escocés de las 3 JJJ" o en la versión "Escocés de París" de 1745, poseyendo un contenido sustancialmente idéntico al de Maestro Instalado del de tradición inglesa de 1760.

En esta línea de investigación, todo apunta a que los antiguos "Altos Grados" no lo fueron en realidad. Fueron alternativas del grado terminal, problema propuesto en los años 1720 en Inglaterra, y al cual la formación del grado de Maestro hirámico aportó una primera respuesta que finalmente adoptó la Gran Logia de Londres, pero cuyo proceso abrió diferentes vías paralelas de resolución que siguieron funcionando simultáneamente y que atravesaron también el Canal de la Mancha.

Estas originales semillas dieron múltiples y variados frutos en un abonado y diverso suelo continental (por ejemplo, baste recordar la porosidad y permanente interrelación franco-belga).

No nos extrañemos, por tanto, de que el concepto "grados escoceses" cualificados a todos aquellos que se consideraban por encima – más sin razón que con ella- del Magisterio "estándar", sean perfectamente aplicables a los Altos Grados codificados en el Rito

Francés o Moderno llevado a cabo en los años 1780 y practicados por doquier con anterioridad.

Véase su forma estructural "Modern" e incluso para aquellas pretendidas logias denominadas escocesas (Marsella, Aviñón o París) que también tenían tres primeros grados de tipo Moderno donde la originalidad diferencial en la estructura simbólico-ritual era casi simplemente el tema de la ubicación del ternario SE-SO-NO y su asimilación con los pilares SFB, aunque fiel a su genética "Modern", conservaba el ternario Sol, Luna, M de L como 3 GL.

Senda de las Luces Masónicas

Tal como comentamos tiempo atrás, vamos a proceder a una síntesis y conclusiones que esperemos puedan ser de utilidad para todos aquellos interesados en conocer el legado del Muy Ilustre Hermano Joseph Cerneau, y a su vez, restablecer su máxima dignidad y magna labor en pro del desarrollo de la Orden, mediante esta obra que él publicó en lengua española en 1821 en New York, dedicada a los Hermanos de Cuba, que tanto representó para él, así como extensiva a la masonería latinoamericana.

Tras este análisis, cerraremos con otro trabajo, una primera fase formativa acerca de diferentes aspectos tanto históricos como esenciales del Rito Antiguo y Aceptado de Cerneau.

Sirva pues este estudio a modo de planificación de nuestras futuras publicaciones, para conocimiento de nuestros muy Queridos Hermanos/nas y estimados lectores. Recibid nuestro saludo más afectuoso y sincero.

Senda de las

LUCES

MASÓNICAS.

POR Dr. J. CERNEAU,

Sob∴ G∴ Com∴ del 33∴ G∴

NEW-YORK:

EN LA IMPRENTA DE J. KINGSLAND & CO.

A∴ L∴ 5821.

A

Los M M.·. IL.·. G.·. M.·.,
G.·. Of.·. y miembros
de la
M.·. Resp.·. G.·. L.·.. Española.

MM.·. Il.·. y MM.·. Resp.·. HH.·.

Ocupado hace mas de 20 años en buscar la verdad, con todo anhelo, y con los mas ardientes deseos, no he reparado nunca, ni en el tiempo que consumia en ello, ni en trabajos ni dificultades, con tal de conseguir mis deseos; pues atendiendo siempre al de instruirme para hacer participes á mis H H.·. de mis descubrimientos; no he perdonado medio alguno en mis perquisas Mas.·. para llegar al fin.

Si cada Mas.·. está obligado á comunicar á sus H H.·. los conocimientos que ha adquirido en los principios sagrados, y en sus deberes para con el orden; el mio me impele á depositar en el seno de las luces masónicas, los que he sacado de los mas acreditados autores de la antigüedad, cuya noble emulacion, ha servido para agotar la verdadera moral que hará feliz y esclarecida nuestra posteridad.

Elegidos por el voto unánime de nuestros Resp.·. H H.·. al Supremo Gob.·. Mas.·. en la isla de Cuba, á vosotros és, és á vuestra M.·. Resp.·. G.·. L.·. á quien pertenece el derecho de proteger esta recopilacion Mas.·., que tengo el honor de poner bajo vuestra salvagüardia, y que asegurada de vuestra proteccion, y ayudada de las luces de esa M.·. Resp.·. G.·. L.·., servirá á ilustrar á los Mas.·., en los principios sagrados, y en los deberes que les imponen los preceptos de nuestra sublime é inmortal institucion.

Dignaos acceptar M∴ Resp∴ G∴ L∴ este pequeño tributo y homenage de mi amistad y amor fraternal, y creer,

M M∴ Il∴ y M M∴ Resp. H H∴ á la alta consideracion con la cual tengo el G∴ D∴ S∴ por los S∴ y N∴ Q∴ O∴ S∴ C∴ y con T∴ los. H H∴ Q∴ O∴ S∴ D∴

V∴ M∴ D∴ y M∴ Af∴ H∴

J. CERNEAU.

Ex Ven∴ Fundador de la Resp∴ L∴ del Templo de las Virtudes Teologales, en la Habana.

Cainismo contra Cerneau

Queremos ante todo dignificar la labor del M.·. Il.·.H.·. Joseph Cerneau, quien fue víctima de un despreciable acto difamatorio, puramente basado en adquirir un deseo de poder y preponderancia, precisamente por algunos elementos despreciables y alejados de los principios universales de la Orden.

Estos asesinos Hirámicos se han valido del analfabetismo masónico, y han actuado cual iluminados desde la falsedad y la manipulación.

Para abrir boca en esta exposición, recurriremos a la valiente y excepcional obra de Robert B. Folguer, donde ya en su portada haciendo referencia a la denominación original del Rito lo llama abiertamente Rito Antiguo y Aceptado (sin escocés).

Robert B. Folguer replica el malintencionado panfleto de Enoch T. Carson que denominó "War Whoops", en su publicación de 1886.

Para concluir esta sección (e insisto con respeto), Folguer evidencia la falta de formación y analfabetismo post Pike. ¡Haz ignorantes y vencerás!

Folguer nos recuerda inteligentemente que el GODF jamás recibió el Rito de 33 grados como un nuevo Rito, sino como el Rito desarrollado por Morin al que se le añadieron unos grados extras al Rito de Perfección del que siempre se consideró curador. Y es a raíz del Concordato de 1804 cuando se convierte en dueño y señor de esta modificación estética de lo ya existente.

No olvidemos el peso específico del M. Il. H. Hacquet en el GODF a su regreso a Francia, devolviendo el desarrollo de Morin en 25 Grados, lo cual presentó a la Obediencia siendo recompensado como el futuro Presidente de la Cámara de Ritos y primer Soberano Gran Comendador del Gran Colegio del REAA del GODF.

Es así como desde 1804 el Gran Oriente se convierte en posesor del Rito Antiguo y Aceptado, repudiado además la fraudulenta y falsa construcción de 1786. ¿Y Hacquet y Cerneau, qué relación tenían? ¿Sería posible hablar de masonización zonal llevada a cabo por ciudadanos franceses?

Precisamente es interesante conocer ese movimiento de residentes de origen francés dado que por esa vía se gestó una masonización zonal que dio lugar al flujo movimientos de elementos colaboradores en las actividades de independencia centro y sudamericanas y desde antes de la caída de la Grand Armée Napoleónica.

Estos personajes fluirán por todo el continente, y será New York uno de los puntos de contacto desde donde gran número de militares implicados en movimientos libertarios de centro América y de Sudamérica continental estarán disponibles en ese trasiego que finalmente desembocará en el fin de las Colonias españolas.

Cerneau tuvo un importante factor de difusión ideológico, primero en Cuba, y luego hasta su expulsión de la isla donde las autoridades le tacharon de elemento revolucionario. Y esa acción, entre otras la prosigue en New York a pesar de su enfrentamiento abierto con Charleston en su momento.

Lo interesante del caso es, sabiendo que el RAA nace y trabaja los Altos Grados, ver como Cerneau nos deja un legado bibliográfico escrito en castellano sobre conceptos generales y masonería simbólica absolutamente conforme al Rito Moderno en "la senda de las Luces" que publica en New York en 1821, y muy conforme al Régulateur du Maçon. ¿Sería posible hablar de masonería Modern en los grados simbólicos del Rito Antiguo y Aceptado? ¡Por supuesto que sí!

Para terminar con esta primera aproximación, recordemos la relación e influencia con La Fayette, Bolívar y tantos otros, así como la fundación de diversos supremos consejos emanados del suyo de Nueva York, y el pleno apoyo que recibe siempre del GODF, donde su amigo Hacquet fue su representante y además primer Soberano Gran Comendador del Supremo Consejo del Gran Colegio del REAA una vez absorbido Tilly.

Complejo tema que hay que asimilar por partes y que, tras algunas reflexiones preparatorias, espero que ayuden al lector a poner cada cosa en su lugar y abordar un trabajo inextenso que rompa con la falsa idea del historicismo post Pike en USA que gestó el falaz ideario de una vía ortodoxa y otra no.

El Grado 33°

EL GRADO 33° En los últimos años han aparecido evidencias sobre la alta jerarquía masónica del Libertador Bolívar, la cual no se limitó al Grado de Maestro, sino que llegó a la cúspide del escocismo, que es el Grado 33°.

El Libertador Bolívar, en 1823, había logrado un indiscutible prestigio continental. Su nombre ocupaba con frecuencia la primera plana de los diarios más acreditados de los Estados Unidos, Inglaterra y Francia.

Una persona con esa bien ganada fama siempre es merecedora de los más altos homenajes, principalmente de instituciones como la masonería que rinde culto permanente a los valores morales e intelectuales del hombre.

Por eso no tiene nada de raro que el escocismo le haya otorgado los más elevados Grados Filosóficos, como hoy lo hacen las Universidades con los títulos de "Doctores Honoris Causa", con los personajes ilustres.

En el Museo Masónico de Nueva York, junto con muchas de las reliquias masónicas de los héroes de la Independencia de las América, se exhiben el mandil y el collarín del Libertador Bolívar, con los ornamentos propios del Grado 32., Al respecto señaló un erudito masón norteamericano en una revista de la Gran Logia de Nueva York, que en los agitados años de la guerra de la Independencia, los grandes jefes, acumularon tal suma de poderes, que era perfectamente natural que les confirieran de un solo viaje los más altos grados del escocismo.

El Libertador Bolívar, no sólo era insigne héroe militar, sino extraordinario político, gran estadista, literato y pensador.

Tenía méritos sobrados y brillantes para llevar en el pecho el collarín del Grado 32°. Por eso se explica que en el Museo Masónico de Nueva York, estén las referidas reliquias masónicas del Libertador. Pero el historiador masónico venezolano, Celestino B. Romero, llegó más lejos.

Después de una exhaustiva investigación, consiguió reunir suficientes pruebas, para informar en un libro que al Libertador Bolívar le fue otorgado el Grado 33°, o sea el último del Rito Escocés Antiguo y Aceptado. Celestino B. Romero, fue Gran Maestro de la Gran Logia de la República de Venezuela y Soberano Gran Comendador del Supremo Consejo del Grado 33° para la República de Venezuela.

Estudioso y dedicado a la investigación de la historia masónica, tenía acceso a los archivos de la Orden donde se guardan viejos y desconocidos papeles, algunos con antigüedad de más de 170 años. En una de sus visitas al vetusto archivo, hizo un sensacional hallazgo.

Encontró un amarillento documento que revela que en el año 1823, llegó a Caracas el I. y P. H. José Cerneau, alto dignatario del Supremo Consejo de los Estados Unidos, con la misión expresa de conferir los máximos honores a los masones que se distinguieron en la lucha por la libertad de la Gran Colombia.

El I. y P. H. José Cerneau, investido de amplios poderes, en nombre del Soberano Gran Consistorio de Jefes de la Alta Masonería de los Estados Unidos, según consta en el Boletín del Archivo Nacional en su número 2, publicación que dirigía el prestigioso historiador Vicente Dávila, en el mes de abril de 1824, instaló en diversos cuerpos a los siguientes Masones Grados 33°:

- Diego Bautista Urbaneja,
- Carlos Soublette,
- Andrés Narvarte,
- Lino de Clemente,
- Manuel M. Quintero,
- José de España,
- Vicente del Castillo,
- J. Porfirio Iribarren,
- José Marra Pelgrón,
- José Manuel Landa,
- Francisco Vicente Parejo,
- José Gabriel Lugo,
- José Manuel Morales,
- Santiago Mariño,
- Tomás José Sanabria,

- Marcelino de la Plaza,
- Felipe Estévez,
- José Remigio Martín,
- Ramón Landa,
- José Marra Lovera,
- Gerónimo Pompa,
- José Manuel Rivero,
- Manuel Cala,
- Juan José Cande,
- Francisco Carabaño,
- Judas Tadeo Piñango,
- Juan Bautista Monserrate,
- José Marra Ponce,
- Joaquín Tellechea,
- Manuel Vicente Huizi,
- Juan Maimó,
- José Santiago Rodríguez,
- Simón Bolívar,
- Rafael Lugo,
- Francisco Conde,
- José Manuel Olivares,
- José Cordero,
- Carlos Cornejo,
- José Marra de Rojas,
- Antonio Febres Cordero,
- José Marra del Castillo,
- Andrés Caballero,
- Juan M. Barry,
- George Woudwery,
- Leonardo Jiménez,
- José Tadeo Monagas,
- Diego Vallenilla,
- Manuel Maneiro,
- José Francisco Bermúdez,
- José Antonio Páez,
- Juan Bautista Arismendi,
- Manuel López de Umérez,
- Francisco Aranda,

- José Austria,
- Leonardo de Lorenzy,
- Matras Padrón,
- Rafael Guevara,
- Manuel Echeandía,
- Juan Escalona,
- Valentín Osío,
- José Manuel Gonell,
- Santos Michelena,
- José de Lima,
- Pedro Gual,
- Carlos Padrón,
- José Grau,
- Miguel Vargas,
- Esteban Escobar,
- Manuel Muñoz,
- Rafael Urdaneta,
- Ramón Machado,
- Agustín Armario,
- Tomás Yánez,
- Andrés Torrellas,
- Pablo de Michelli,
- Fernando Peñalver,
- Pedro Briceño Méndez,
- Rafael Hermoso,
- Juan Bautista Dalla Costa,
- José Freyres y
- José Blanco (Presbítero).

De acuerdo con esta lista publicada en abril de 1824 en el Boletín del Archivo Nacional y corroborada por las investigaciones que llevó a cabo el I∴ y P∴ H∴ Celestino B. Romero, el Libertador Bolívar, si obtuvo el Grado 33º

Una joya histórica

Diversos útiles pertenecientes al M∴ Il∴ H∴ Joseph Cerneau (cortesía del M∴ Il∴ H Daniel Greux).

La masonería y los movimientos independentistas americanos

Sobre todo, se trata de demostrar los lazos entre el movimiento independentista Centro y Sudamericano, América del norte y Europa (más precisamente Francia), siempre fundamentados en las bases y fundamentos de la Orden, dejando al margen lo estrictamente político en apariencia. A este propósito, el itinerario de Joseph Cerneau es remarcable.

Apuntamos hace poco su rol en la implantación de las logias en Cuba. Miembro de varias logias norteamericanas desde su llegada a este país en 1806, vive luego en Santo Domingo. Durante la creación de la Gran Logia de la Gran Colombia en Caracas en 1824, Cerneau figura en la lista de los miembros fundadores.

Actúa también en el movimiento masónico en Brasil. No obstante, lo esencial de su actividad se concentra en los Estados Unidos en la Gran Logia de Nueva York. Su rol del otro lado del Atlántico es tan importante que dispone de un representante, Germain Hacquet, en el Supremo Consejo del Gran Oriente de Francia a partir de 1816.

En siguientes capítulos, iremos interconectando el extraordinario trabajo del Hermano Cerneau, procurando comprender las diferentes visiones iberoamericanas, norteamericanas y francesas en especial.

Solamente así comprenderemos las aparentes incongruencias y rencillas nacidas en el seno del Rito Antiguo y Aceptado, más conocido como REAA, si bien etimológicamente discutible ab origo.

Historia del Rito Escocés Antiguo y Aceptado por el Gran Consistorio del Estado de New York (1903)

Resulta muy interesante poder acercarnos a la narración emitida por el Gran Consistorio del Estado de New York sobre la Historia del Rito Antiguo y Aceptado.

Es por ello que acercamos en lengua española dicha publicación para futuros análisis y consideraciones, conscientes del interés que siempre emanan este tipo de publicaciones históricas narradas por los propios Cuerpos Masónicos en primera persona.

Seguro que su lectura nos resultará fascinante.

"Historia condensada del Rito Escocés Antiguo y Aceptado desde su introducción en los Estados Unidos hasta la actualidad".

Hemos creído muy interesante leer la historia con los ojos de su tiempo y por testimonios de Hermanos cuyas voces fueron acalladas injustamente por aquellos que vencieron en una absurda guerra de poder por "apropiarse" el Rito Antiguo y Aceptado en exclusiva. Por suerte, la formación de nuestros miembros, historiadores, investigadores y estudiosos con acceso a todo tipo de materiales bibliográficos y certificados, muestran un panorama desintoxicado de perjuicios y dejan al lector inteligente la opción de sacar sus propias y atinadas concusiones.

Emitido por el Gran Consistorio del Estado de New York, 1903. (Supremo Consejo del 33° y Último Grado de la Masonería del Rito Escocés Antiguo y Aceptado, organizado por el M. Il. Joseph Cerneau, M. P. S. G. C. el 27 de octubre de 1807 para los Estados Unidos de América, sus Territorios y Dependencias).

Está admitido por todas las autoridades masónicas del Rito Escocés, que el Rito Escocés Antiguo y Aceptado fue creado por el antiguo Consejo de los Emperadores de Oriente y de Occidente, una organización creada en 1758 en París, teniendo una Cámara en la antigua Gran Logia de Francia.

En 1761 este Consejo de los Emperadores de Oriente y de Occidente nombró a Étienne Morin como Gran Inspector, dándole ciertos poderes sobre los 25 grados entonces conocidos.

En esta época, el "Consejo de los Emperadores de Oriente y de Occidente" y la Gran Logia de Francia estaban bajo la dirección del mismo Gran Maestro, el Conde de Clermont, Príncipe de sangre real, y más adelante todas las organizaciones masónicas en Francia se fusionaron en el Gran Oriente de Francia.

El 17 de agosto de 1766, Morin fue relevado de sus funciones, sus poderes revocados y anulados, y el Hermano Martín, de la Logia St. Fredericks, fue nombrado y comisionado para establecer la Sublime y Perfecta Masonería en todas las partes del Nuevo Mundo de entonces.

En este periodo los 25 grados existentes cuando Morin era comisionado en 1761 fueron incrementados por el Gran Oriente a 33, y fue decretado por el Gran Oriente que el 33° debería ser el último grado de la Libre y Aceptada Masonería y gobernaría a todos ellos.

El primer cuerpo en trabajar el 33° grado bajo este decreto fue el Rito Escocés Primitivo en Namur, Francia, 1770. Joseph Cerneau, nacido en Francia en 1765, emigrado a Santo Domingo, y llegando a ser Maestro de la Logia La Réunion Desirée fue investido por el Hermano Martín con los grados y nombrado Diputado Gran Inspector, con poder para conferir los grados y establecer cuerpos en América. En 1801, Cerneau estableció un Supremo Consejo en Santo Domingo.

En 1806 llegó a los Estados Unidos, y el 27 de Octubre de 1807 organizó el "Soberano Gran Consistorio para los Estados Unidos de América, sus Territorios y Dependencias." Entre los Oficiales instalados ese día estaban:

- Joseph Cerneau

- DeWitt Clinton, Gran Maestro y Alcalde de la Ciudad, y más tarde Gobernador del Estado.

- John W. Mulligan, Diputado Gran Maestro y Cónsul de Crecía.

- Cadwallader D. Colden, Pasado Primer Gran Vigilante de la Gran Logia.

- Martín Hoffman, entonces Diputado Gran Maestro y después Gran Maestro.

- Jacob Sheiffelin, Pasado Maestro.

La comunicación de su creación fue dada a la vez a todos los Cuerpos Masónicos de los Estados Unidos y también al Gran Oriente de Francia.

El 25 de mayo de 1812, el Supremo Consejo de los Grandes Inspectores Generales del 33° Grado fue abierto con todos los honores de la Masonería, y fue enviada una circular a los Cuerpos Masónicos de los Estados Unidos, así como al Gran Oriente de Francia.

En 1807 Joseph Cerneau era la única persona en América en detentar una patente del 33°. Y su Consejo fue reconocido como siendo este del 33°, por los Supremos Consejos de Francia, de Bélgica, del Brasil, de Nueva Granada, de Inglaterra, de Escocia, de Irlanda, etc. (Página 68, Historia de Folger). Sus patentes y poderes para fundar el Rito en este país fueron escrupulosamente examinadas y aprobadas antes de que el Cuerpo fuera creado en 1807, por DeWitt Clinton, Cadwallader D. Colden y otros eminentes abogados, entonces oficiales de la Gran Logia de New York.

El Gran Oriente de Francia, en 1816, reconoció plenamente legales los Estatutos de los Cuerpos así creados por Joseph Cerneau y le nombró su representante en el Supremo Consejo de los Estados Unidos, y Germain Hacquet fue nombrado representante del Consejo Americano en el Gran Oriente. Estos dos representantes actuaron para sus respectivos Cuerpos hasta 1827.

Antes del 1814 fueron creados un cierto número de Cuerpos subordinados, y en ese mismo año fueron dadas Cartas Constitutivas por este Consejo a muchos Cuerpos subordinados en Charleston, South Carolina (ciudad en la cual se afirma que fue creado el Consejo de la Jurisdicción Sur en 1801).

Entre los Oficiales de esos Cuerpos de Charleston estaban:

- Thomas W. Bacot, Gran Maestro de la Gran Logia de Carolina del Sur.

- John S. Cogsdell, Primer Gran Vigilante de la Gran Logia de Carolina del Sur.

- Isaac W. Wilton, Gran Secretario de la Gran Logia de Carolina del Sur.

Seguidamente fue creado en Charleston, Carolina del Sur, un Consejo de Sublimes Príncipes del Real Secreto. No es concebible que estos abogados tan eminentes como DeWitt Clinton y Cadwallader D. Coleen se hubieran hecho miembros de una tal organización sin que los poderes de Cerneau no hubieran sido plenos, completos e inatacables, o que los Grandes Oficiales de las Grandes Logias de New York y de Carolina del Sur hubiesen permitido o hubiesen formado parte en la organización de estos Cuerpos de Cerneau, dependientes de su jurisdicción habiendo existido en los Estados Unidos otro Rito Escocés reivindicando legitimidad.

¿Es posible que la auto denominada Jurisdicción Sur hubiese podido ser organizada por masones en Charleston o en cualquier otro lugar de Carolina del Sur antes de 1814, y que permaneciera desconocida por los Oficiales de la Gran Logia de Carolina del Sur?

Cuando De la Motta, que afirmaba ser Gran Oficial de un Consejo de Charleston, Carolina del Sur, promulgó su Bula de Expulsión contra DeWitte Clinton en 1813 y del Rito de Cerneau, porque entre otros actos ofensivos, habían organizado Campamentos de

Caballeros Templarios, estos Oficiales de la Gran Logia de Carolina del Sur, parecen no haber dado fe a sus reivindicaciones o quejas, y el Gran Oriente de Francia respondió: "Sin embargo, el Ilustre Hermano Joseph Cerneau es un Soberano Gran Inspector General, 33°,cuyo grado le ha sido conferido legítimamente, y está dotado de poderes que emanan del Supremo Consejo de Francia". (Ver sus Actas de 1818, p. 66).

El eminente historiador Masónico, Dr. Oliver, remarca: "Podría parecer que el Supremo Consejo de los Estados Unidos estuviera conectado con el Rito Antiguo, pero New York poseía un Soberano Gran Consistorio conectado con el Gran Oriente de Francia y el Hermano Cerneau, un masón francés, que era a la vez miembro honorario del Gran Oriente de Francia, Soberano Gran Comendador del Gran Consistorio de New York, y Soberano Gran Comendador ad vitam del Supremo Consejo de los Estados Unidos de América. Esta autoridad fue confirmada en 1832 por un tratado entre Ellas Hicks, Soberano Gran Comendador, el Marqués de Saint Angelo, Lugarteniente Gran Comendador, y George Smith, Gran Secretario General del Supremo Consejo de América del Norte, y el conde de Saint-Laurent, Soberano Gran Comendador del Supremo Consejo para América del Sur, Terra Firma, y las Islas Canarias".

En 1816 una circular (del Consejo Cerneau) fue dirigida a todos los organismos Masónicos de los USA pidiendo a todos los cuerpos que se definían ser del REAA bajo cualquier autoridad que fuera, que presentaran sus Constituciones al citado Consejo para examen y reconocimiento. Un gran número de estos Cuerpos eran regulares, y aquellos que trabajaban sin autorización adecuada fueron legalizados ad hoc. Es importante hacer notar que no se encontró a nadie que protestara contra esta autoridad.

Antes de 1828 un gran número de cuerpos subordinados fueron creados por este consejo en los Estados Unidos.

CONDENSED HISTORY

OF THE

ANCIENT AND ACCEPTED

SCOTTISH RITE MASONRY

FROM ITS INTRODUCTION

INTO

THE UNITED STATES

TO

THE PRESENT TIME

Issued by the Grand Consistory of the State of New York

1903

Además de los organizados y acreditados en 1814 en
Carolina del Sur, entre 1813 y 1826 se acreditaron
consistorios en New Orleans, La.; en Newport, R. I.;
Filadelfia, Pa.; Norfolk, Va.; Cuba, Puerto Rico,
Barcelona, La Guaira, Puerto España y muchos otros

lugares, y estaban en plena correspondencia oficial con los cuerpos Soberanos de Francia, Rusia, Isla de Jamaica, Alemania, Holanda, Prusia y todos los organismos reconocidos de Masones del Rito Escocés del Mundo.

En 1821, Joseph Cerneau renunció a su cargo de Muy Poderoso Soberano Gran Comendador en favor del Pasado Gran Maestro John W. Mulligan, aceptando el título de Gran Comendador de Honor, y a su regreso a Francia en 1846, fue Miembro Honorario del Gran Oriente de Francia.

En 1823, John W. Mulligan renunció a su cargo en favor del Gr. Maestro DeWitt Clinton.

El 15 de agosto de 1824, el Marqués de Lafayette llegó a New York para su visita memorable como invitado de la nación, y muy poco tiempo después de su llegada fue exaltado en el Capítulo "Jerusalem" nº 8 de Masones del Arco Real, y muy pronto armado Caballero Templario en la Encomienda "Morton" nº 4. Y luego muy rápido, fue elevado por el Soberano Gran Consistorio (Cerneau) al 33º y último grado de la Masonería, y fue nombrado Soberano Gran Inspector General y Muy Poderoso Soberano Gran Comendador del Supremo Consejo durante su estancia, renunciando en su favor DeWitt Clinton, entonces

Gran Comendador, retomando su función cuando el Marqués regresó a Francia. El Marqués de Lafayette se convirtió en el Gran Representante del Supremo Consejo de Cerneau en el seno del Gran Oriente de Francia, hasta su muerte.

En 1826 constituye el Supremo Consejo del Brasil en Rio de Janeiro.

En 1828, entonces Gobernador, muere, y la vacante de Muy Poderoso Soberano Gran Comendador es asumida por el Muy Ilustre Hermano Elias Hicks.

En 1832, el Muy Ilustre germano Conde de Saint Laurent, Gran Comendador de la Nueva España, de América del Sur, etc. con Cartas Credenciales del Gran Oriente de Francia, propone dar al Supremo Consejo de Cerneau autoridad sobre el conjunto del Hemisferio Occidental firmando a tal efecto un Tratado. (Folger's Hist., pág. 320).

En 1834, es firmado un Tratado de Alianza masónica, etc., por los Supremos Consejos de Bélgica, de Francia y del Brasil, que será ratificado en 1836.

El 27 de octubre de 1846, el tratado de 1832 fue anulado y abrogado, y el Supremo Consejo retomó su primer título distintivo, bajo el cual es conocido desde entonces. La razón de este acto fue que ciertos miembros del Consejo deseaban acordarse unas Constituciones para formar Logias Simbólicas, en violación de la política bien definida que siempre rigió el gobierno del Supremo Consejo.

El tratado de 1834 fue negociado y redactado por el Conde de Saint Laurent y el Marqués de Lafayette, en representación del Supremo Consejo de los Estados Unidos. Antes, sin embargo, de su ratificación, el Marqués, lleno de años y honores, se reunió con los Hermanos del Gran Consejo. Diez días antes de su muerte, a saber, el 10 de mayo de 1834, escribió en el parte inferior de su Título lo siguiente:

"Es a la indulgencia extrema del Supremo Consejo de los Estados Unidos que me ha exaltado al Grado 33º, a pesar del conocimiento y los servicios superiores de muchos de mis hermanos, por lo que yo hoy me siento en deuda por los favores eminentes que se han conferido sobre mí. Los acepto con profunda gratitud y me esforzaré para merecerlos por mi celo. Que nuestras antiguas instituciones puedan propagar y promover la Libertad, la Igualdad, la Filantropía y contribuir a los grandes movimientos de la civilización

social, que debe emancipar los dos hemisferios.
LAFAYETTE".

Así este gran soldado y masón, en su modestia,
testificando su reconocimiento por su diploma de
33º, no mencionó el hecho que durante el breve
periodo que estuvo en este país, estuvo a la cabeza
del Supremo Consejo.

1834.

El aviso oficial de la muerte del Ilustre Hermano
Marqués de Lafayette fue dado al Supremo Consejo
por su colega el Ilustre Hermano Conde de Saint
Laurent, quien lo sucedió como Gran Representante

1844.

Elías Hicks muere y es sucedido por Henry C. Atwood
como Muy Poderoso Soberano Gran Comendador.

Mayo de 1851.

El Hermano Jeremy L. Cross, 33º, que había sido
exaltado por el cuerpo autodenominado Consejo de
Charleston, presentó sus Cartas Patentes de 33º, y
solicita afiliación al Supremo Consejo Cerneau. Esta
patente inextensa, muestra que, en la fecha de 1824,
el Consejo de Charleston no reconocía la existencia

de la Jurisdicción Norte, que proclamaba haber sido creada en 1814 bajo su autoridad y que se organizó en 1814 bajo su autoridad. (Ver Doc. 35, Folger). Después de prestar juramento de lealtad al Consejo Cerneau, el Hermano Cross fue admitido y su rango reconocido. Más tarde, Henry C. Atwood renunció a su cargo y fue sucedido por Jeremy L. Cross.

1852.

Jeremy L. Cross renunció debido a su mala salud (murió al año siguiente) y fue sucedido por Henry C. Atwood como Muy Poderoso Soberano Gran Comendador.

1857.

Las relaciones fraternales son restablecidas con el Supremo Consejo de Bélgica.

1860.

Creación de un cuerpo de Rito Escocés en California. El Ilustre Hermano Henry C. Atwood muere y es sucedido por Edmund B. Hayes como Muy Poderoso Soberano Gran Comendador. (Hayes fue hecho un Soberano Inspector General 33º por DeWitt Clinton).

Creación de un cuerpo de Rito Escocés en Nueva Jersey; y otro en Boston, Massachusetts.

3 de septiembre de 1862.

Una nominación e intercambio de Grandes Representantes entre el Gran Oriente de Francia (Supremo Consejo) y este Consejo fue efectuado por el Muy Ilustre Hermano Harry J. Seymour, Gran Maestro de Ceremonias en París, y el Ilustre Hermano Armand Félix Huellant, 33º, el Barón A. Hugo de Bulow, 33º y John J. Crane 33º Muy Respetable Gran Maestro de Nueva York, fueron nombrados Grandes Representantes respectivamente, como sigue a continuación:

A L. G. D. G. A. D. U.

En virtud de la autoridad con la que estoy investido como S. G. I. G., 33º, del Rito escocés Antiguo y Aceptado para los Estados Unidos de América, su territorios y Dependencias, y por la Patente que dispongo, nombro al Muy Ilustre hermano Armand Félix Huellant, 33º, Gran Maestro Adjunto del Gran Oriente de Francia, Representante del Supremo Consejo del Supremo Consejo para los Estados Unidos de América, sus Territorios y Dependencias, del cual el Muy Ilustre hermano Edmund B. Hayes es ahora el Muy Poderoso Soberano Gran Comendador, en el

Supremo Consejo del Gran Oriente de Francia y sus Dependencias.

Sujeto a ratificación del Supremo Consejo para los Estados Unidos de América.

Testimonia mi firma oficial, Harry J. Seymour, 33º, Gran maestro de Ceremonias del Supremo Consejo de los Soberanos grandes Inspectores generales del 33º de los Estados unidos.

Hecho en la oficina del Gran Oriente, en el Nº 16 de la Rue Cadet, en el valle de parís, el 16 de septiembre de 1862.

CONTRA CITA.

Copia Nº 11, 206 de Correspondencia

Dirección del G. O.

Rue Cadet, 16, París.

(Sello)

GRAN ORIENTE DE FRANCIA

Supremo Consejo para Francia y sus posesiones, O. de París, 3 de septiembre de 1862 E. V.

Al Ilustre y Muy Querido Hermano H. J. Seymour, S. G. I. G., Gran Maestro de ceremonias del Supremo Consejo de los estados Unidos, en New York, 33° del REAA:

Ilustre Hermano, tenemos el favor de responder a comunicación que nos habéis dirigido, en vista de establecer relaciones fraternales entre el Supremo Consejo de Grandes Inspectores Generales del 33° de los Estados Unidos del REAA, con sede en New York, y el Gran Oriente de Francia, Supremo Consejo de Francia y las Posesiones Francesas, sito en París.

Es con la mayor satisfacción, Ilustre y Muy Querido Hermano, que veríamos los estrechos lazos establecerse entre nuestras dos Potencias Masónicas, por el nombramiento de garantes mutuos de amistad. Nosotros aceptamos, después de examinar los poderes que nos habéis mostrado, a tal efecto, para ser el representante del Supremo Consejo de los Estados Unidos, sito en Nueva York, en el Gran Oriente de Francia, y nosotros proponemos como representante del Gran Oriente de Francia en el citado Supremo Consejo, al Ilustre Hermano John J. Crane, Gran Maestro del Estado de New York.

Estas designaciones provisionales, aceptadas por nosotros inicialmente, están sujetas a ratificación del Supremo Consejo de U. S. A. sito en New York. Estos nombramientos serán efectivos cuando el acuerdo de estos poderes nos llegue, y serán notificadas a quien corresponda a derecho.

Creemos con confianza, Ilustre y Muy Querido Hermano, en vuestros cuidados y diligencia para una pronta realización de estos proyectos, que no faltarán para añadirse a la gloria de la Orden en general; acepto, Ilustre y Querido Hermano, la seguridad de nuestra alta y afectuosa consideración. Teniente Gran Comendador, Maestro Adjunto de la Orden masónica de Francia

HUELLANT.

Examinado por nos, El Mariscal de Francia, Gran Maestro de la orden de Francia.

MAGNAN.

·GRAND CONSISTOIRE DES RITES EN FRANCE·SUJ
DEUS MEUMQUE JUS

Tradición y Regularidad: puro sentido común

Según nuestros valores y principios fundamentales, la Orden Masónica Universal es Una. Esta unidad podría llevarse a cabo armoniosamente si las instituciones masónicas de cada nación hicieran el esfuerzo de aliarse ellas mismas en una confederación.

La francmasonería, fragmentada hoy en día en una multitud de asociaciones más atentas a su propio desarrollo que a su propia misión basal que debieran representar, es parecida a un mecanismo que se satisface, incluso se glorifica, de su funcionamiento, sin preocuparse generalmente de producir aquello por lo que fue creada.

Las dos principales corrientes, pretendiendo reivindicar su particular legitimidad masónica, han generado más disensos, atomizaciones que aproximación en un derroche de egos que bien valdría reconsiderar con la simple aplicación del sentido común y de una verdadera y sentida filantropía.

Su naturaleza, su objeto y acción

Conforme a sus orígenes, su naturaleza es iniciática y simbólica. En sus Talleres arbitra a todo Ser humano, sin distinción de raza, de condición social, sexo, sistemas políticos o religiosos. En su interior se obra en vista del perfeccionamiento moral y ético de sus miembros, permitiendo un mejor conocimiento de si mismo, de los otros y del universo.

En el seno de la humanidad debería representar un ejemplo y un modelo de sabiduría, de fraternidad, de beneficencia, propia a la ley del amor.

Para finalizar esta sección, donde simplemente se ha pretendido aplicar el más mínimo sentido común, terminaremos citando brevemente unos conceptos trascendentales, pero simples.

Regularidad

Se aplica, sin otra consideración, a la recepción por transmisión ritual de unos contenidos simbólicos en un espacio-tiempo en el cuadro de unos Ritos masónicos codificados e históricamente reconocidos como receptores de un legado positivamente transformador. Libertad del Francmasón.

Esta se circunscribe en el respeto a las obligaciones y compromisos libremente contraídos, que le genera un gustoso deber de amar y respetar las virtudes y combatir los vicios.

Ritos

Todos los trabajos masónicos se efectúan en el cuadro y el respeto de procedimientos ancestrales en ocasiones. Ninguna eventual adaptación debe alterar la sustancia fundamental del Rito, siendo las instituciones practicantes garantes y curadoras de este. Es su responsabilidad.

John F. Furniss
Ne Varietur
Ancient and Accepted Scottish Rite of
Freemasonry, for the United States of America
Their Territories and Dependencies,
Grand Orient, New York City.
Ill. Peer JOHN F. FURNISS 33°
1807
HOLDS HONORABLE MEMBERSHIP
IN THE ABOVE NAMED SUPREME COUNCIL
FOR THE YEAR 1934.
Grand Secretary General
33

Fondo documental: Primer y legítimo Supremo Consejo para el Brasil

Primer y legítimo Supremo Consejo para el Brasil con Patente de 1826 recibida del Supremo Consejo de Joseph Cerneau. La verdad siempre sale a la luz por más que se quiera falsear:

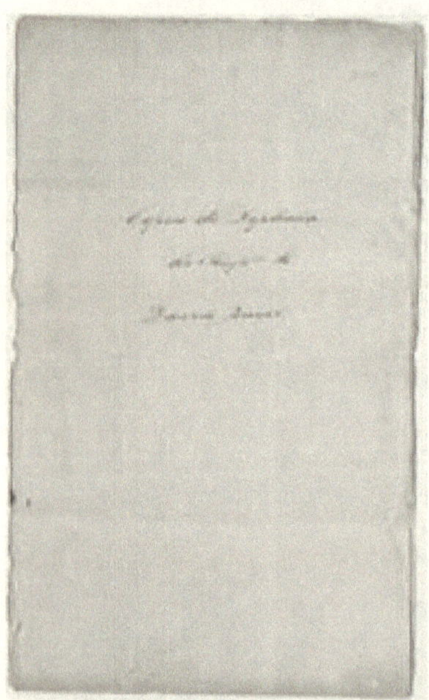

Copia do Diploma do Resp∴ Fr∴ David Jewett

Description: A copy of a diploma issued to David Jewett in 1826 by Joseph Cerneau's Sovereign Grand Consistory.

The diploma appoints Jewett as the Deputy Grand Inspector General for Brazil.

The original certificate was issued in New York on November 3, 1826. This copy, dated December 22, 1865, was signed and sealed by Ruy Germack Possollo, the Grand Secretary General for the Supreme Council and Grand Orient of Brazil, Valley of Lavradio in Rio de Janeiro.

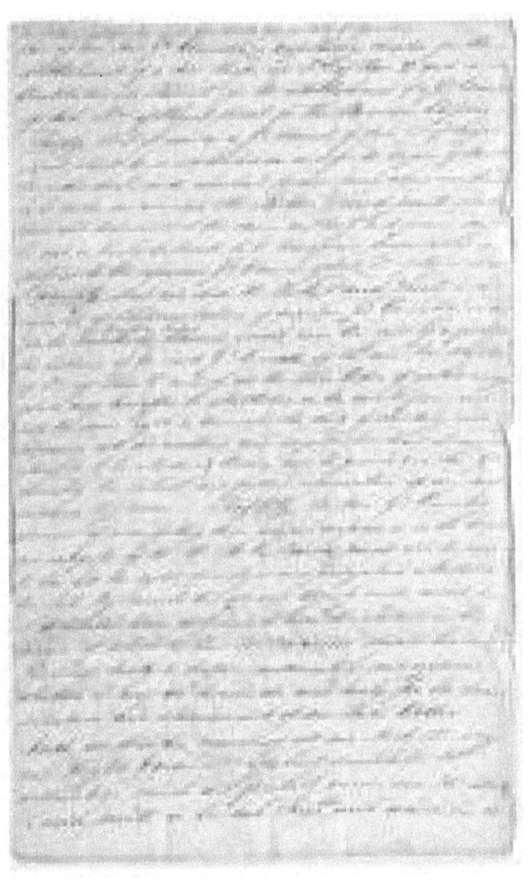

Obran en nuestro poder archivos históricos para quien desee consultar. Estos y otros materiales salidos a la luz clarifican cualquier tipo de dudas sobre las verdades históricas, y legitiman el trabajo realizado por el Supremo Consejo de Joseph Cerneau.

[illegible]

[... in the] City of New York in the State of New York in the United States of America, this [...] day of the [...] month called Tishri in the year of the [...] light 5606, one of the Christian [era] 1846.

[illegible]

Extrahida de folhas [...] do Livro de Registo de diplomas
e Cartas Patentes dos Gr[au]s Obr[eiros] e Consistorios dos Sup[erior]es
Obr[eiro]s do grão 33, que se acha no G[eneral] Archivo do G[ran]d[e]
e Sup[remo] Cons[elho] de Brasil no Rio de Janeiro, ao Val[le] de [...]
em o 22º dia do mez de dezembro de 1865 (Era V[ulgar])

[signature] R[...] Germack [...]

Epílogo

Con esta obra el autor hace un merecido reconocimiento al I.P.H. Joseph Cerneau, a quien con mucha razón se le reconoce no solo como el padre de la masonería cubana, del rito escocés, sino también de gran parte de América.

Al conocer la vida y obra del I.P.H. Joseph Cerneau, y su éxito al difundir los grados superiores del rito escocés a gran parte del Caribe y América Latina, habiendo otorgado personalmente el grado 33º, a muchos a los que hoy reconocemos como los precursores de la independencia en Sudamérica y en especial con el otorgamiento personalmente de la carta patente al Gran Oriente Nacional Colombiano y su Supremo Consejo para Colombia el 23 de abril de 1824, potencia masónica esta que no solo cogió en su seno las logias que para entonces existían en la Gran Colombia que comprendía los territorios que hoy componen los países de Colombia, Venezuela, panamá, Ecuador , Perú y Bolivia, si no que promovió el nacimiento de muchas logias y cuerpos filosóficos en el territorio de su jurisdicción y se extendió hasta la república de Argentina.

Es tanta la influencia de la obra masónica del I.P.H. Joseph Cerneau en la masonería colombiana que con el cierre de todas las logias en 1828 por orden del presidente de la Gran Colombia el I.P.H. Simón Bolívar, en 1833 nace en la ciudad de Cartagena de indias el Gran Oriente y Supremo Consejo Neogranadino, siendo sus fundadores los antiguos miembros de las logias y cuerpos filosóficos del extinto Gran Oriente Nacional Colombiano.

En 1989, el "Gran Oriente y Supremo Consejo Neogranadino" se refundó con el nombre de "Gran Oriente de Colombia", como Potencia Masónica Soberana e Independiente poseedora de la Regularidad masónica que le da el hecho de su correcta práctica ritual y de ser la heredera natural de la Carta Patente otorgada por el Gran Oriente de Francia el 14 de agosto de 1851 al "Gran Oriente y Supremo Consejo Neogranadino" con sede en Cartagena.

En el año 2018 el Gran Oriente de Colombia con sede en la ciudad de Cartagena – Colombia se renombra y reinstala a tal efecto como "Gran Oriente Nacional Colombiano" siguiendo el ideario original que dio origen a la Potencia Masónica homónima instalada el 21 de Abril de 1824 que regía masónicamente a la República de la Gran Colombia, cuya capital era Bogotá, con Patentes recibidas a tal efecto por el "Supremo Consejo de los Estados Unidos de América", con sede en Nueva York, siendo comisionado por la misma para su fundación y del "Supremo Consejo Nacional Colombiano del Grado 33" el Muy Ilustre Hermano Joseph Cerneau, manteniéndose vivo su gran legado hasta nuestros días y para las generaciones futuras.

Milcíades Osorio Díaz

33º, Gran Maestro del Gran Oriente Nacional Colombiano

Bibliografía destacada:

- « Robert Benjamin Forger. A Remarkable Freemason », S. Brent Morris, 1975

- « Ancient and Accepted Scottish Rite, in Thirty-Three Degrees. A full complete history. », Robert B. Folger, 1881

- « Reply to the War Whoops », Robert B. Folger, 1886

- « Condensed History of the Ancient and Accepted Scottish Rite Masonry », Grand Consistory of the State of New York, 1903

- « An Address », William H. Peckham, 1883

- "D'Éstienne Morin au Comte de Saint Laurent », Alain Bernheim, essai paru en Renaissance Traditionnelle (1968, 1969)

- « Étienne Morin et les Maçons ëcossais », Guy Chassagnard, Ed. Segnat, 2019

- « Frausse et Franche Franc-Maçonnerie », Paul-Jean Girard, Ed. Edilivre, 2007.

- « Palabra de Masón », Joaquim Villalta, Ed. ArteReal Comunicación W&GA, 2020.

- "The Arcane Schools", J. Yarker, West Disbury, 1909.

- "Deux siècles de Rite Écossais Ancien Accepté en France 1804-2004 », Pierre Mollier, Ed. Dervy, 2004.

Documentos Anexos

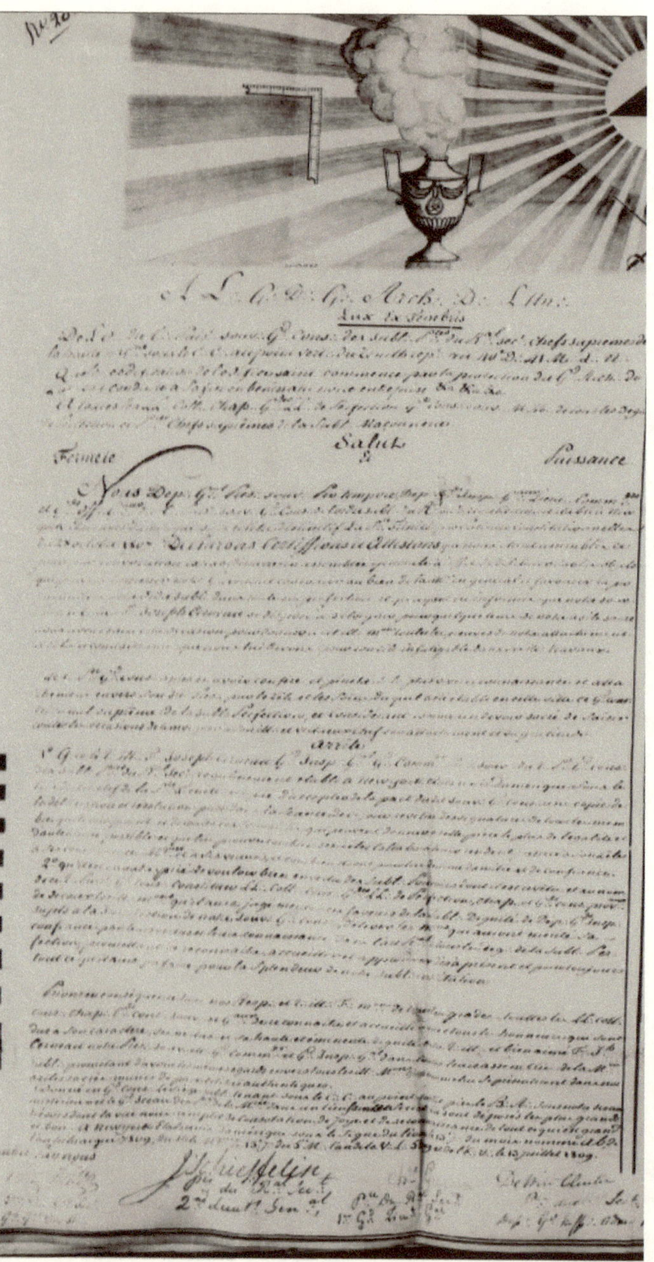

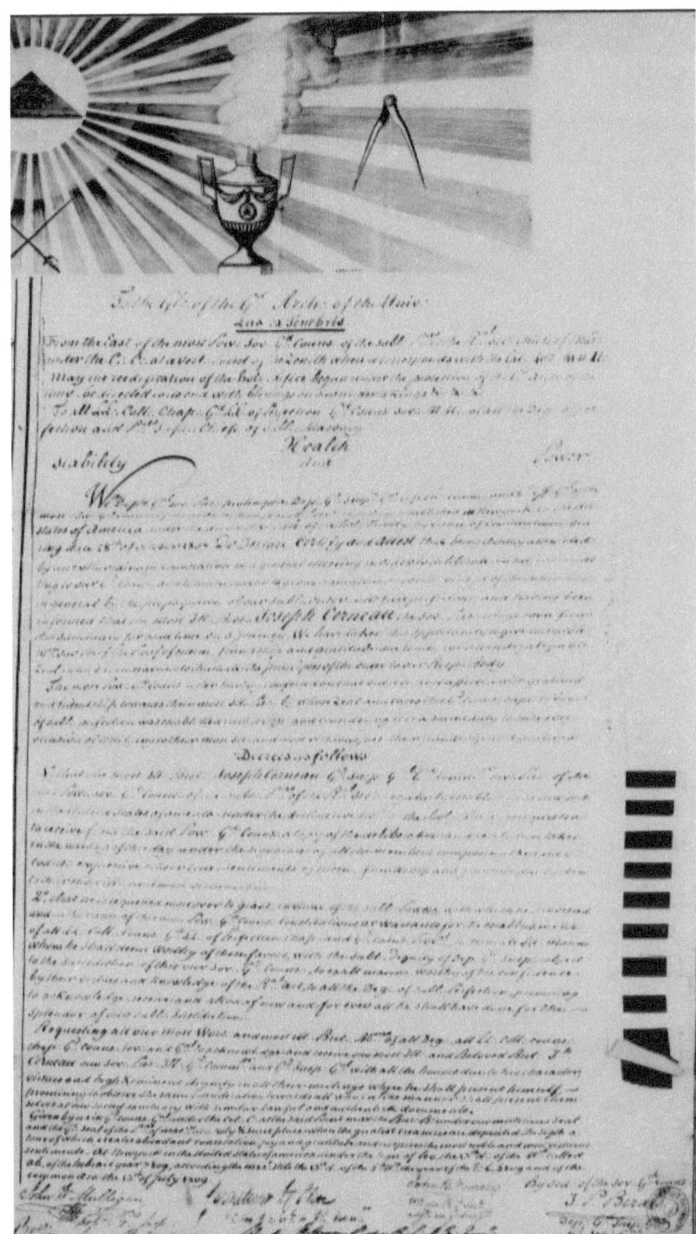

Ordo ab Chao.

El Sup∴ Consejo de los Grandes Inspect∴ General∴
del G∴ 33 en los Estados Unidos de America, sus
territorios y dependencias.

A todos los Masones regulares esparci-
dos sobre la faz de ambos Hemisferios.

Salud.

Extracto de la sesion del dia 1o del 5o mes
mason∴ A∴ V∴ 5823.

Habiendo este Sup∴ Consejo considerado
atentamente la resolucion, pasada, por el Sob∴ G∴
Consistorio de Jefes Sup∴ de la alta Masoneria
para los Estados Unidos de America, sus territorios y dependencias, en la sesion tenida el
dia 9o del 4o mes masonic∴ A∴ 5823, en virtud de la cual nuestro∴ Muy∴ Ilustre Herm∴ Joseph
Cerneau fue revestido de amplios poderes para
hacer en nombre del referido G∴ Consistor∴ en la
America Meridional, y en cualquiera otra
parte que haya de visitar todo cuanto la exigencia, la prudencia, las circunstancias y localida-
des exijan para el bien, la prosperidad y la
propagacion de nuestra Institucion sublime
ha resuelto con unanimidad 1o que nuestro
Muy Ilust∴ Herm∴ Joseph Cerneau sea revestido de poderes iguales á los que le tiene
conferidos el Sob∴ G∴ Consist∴ — 2o que desde ahora para siempre queden aprovados
como lo son, todos los actos y diligencias y en
general todo cuanto nuestro dicho Muy Ilustre
Herm∴ hiciere en las ciudades y lugares que
va á visitar para el bien y la prosperidad
de los verdaderos principios de la subl∴
Masoneria.

Dado en el Sup∴ Consejo, firmado de nuestra mano y sellado con
nuestro sello

nuestro sello misterioso en Nueva York Estados Unidos de la América el dia once del
Quinto mes masónico A∴ L∴ 5823.

John W. Mueller jun.
Sout∴ G∴ Comr∴ P∴ T∴

E. B. Durand
33∴ D∴

Jos. Bouchaud
Pte. extenda G∴ domini∴
33∴ Deg∴

Martin Hoffman
33 Degree

Thos. Lownds
33d Degd∴

E. de Vieras
33 Deg∴

John Telfair
33 Dg∴

Sealed by
Jonathan Schieffelin
33d Degree
Gd∴ Keepr of the Seals

[illegible]
Gd∴ Secy∴ 33 deg∴

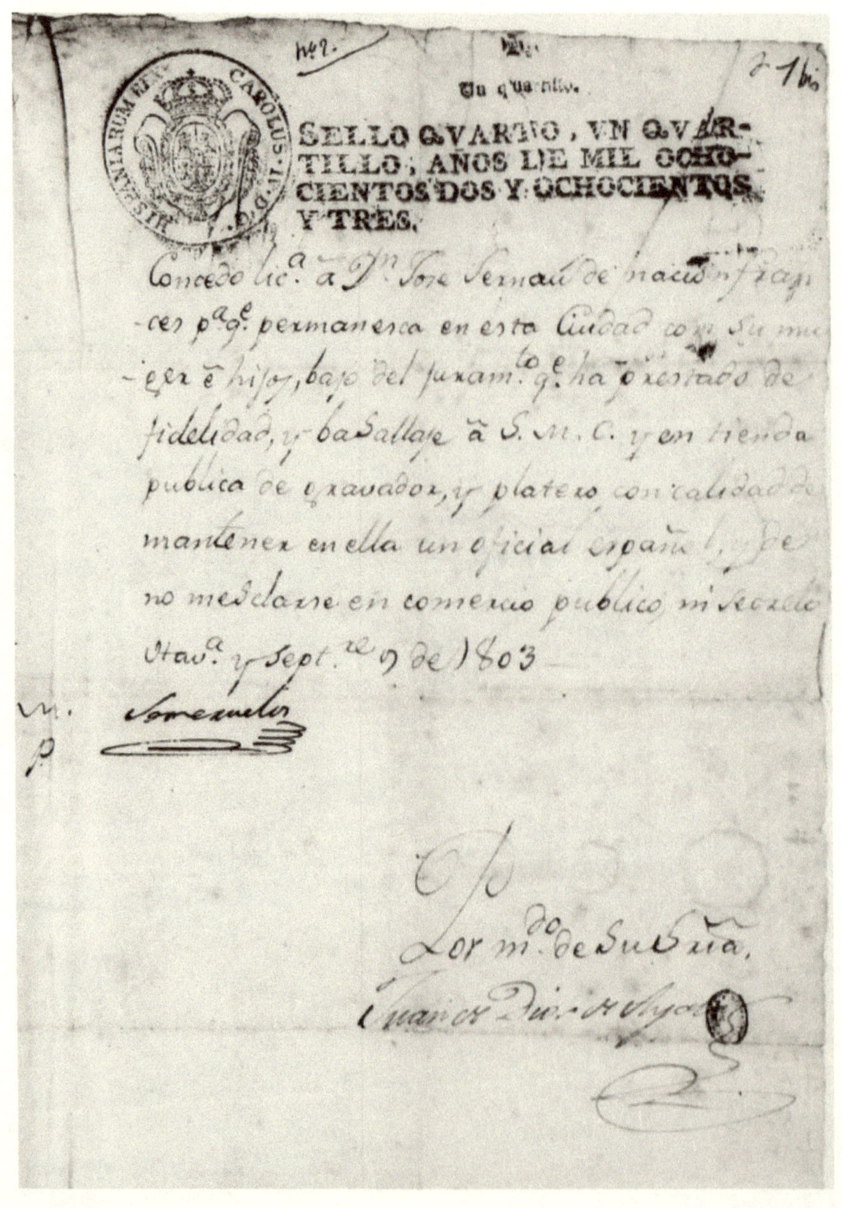

Concedo lic.ª à D.n Jose Sernaud de nacion fran-
ces p.ª q.e permanesca en esta Ciudad con su mu-
-ger e hijos, bajo del juram.to q.e ha prestado de
fidelidad, y basallaje à S. M. C. y en tienda
publica de gravador, y platero, con calidad de
mantener en ella un oficial español, y de
no mesclarse en comercio publico, ni secreto
Otav.ª y sept.re 9 de 1803

Somodevila

Por m.do de su S.ª

A LA GLOIRE DU G∴ A∴ DE L'UNIV∴

Grand Orient de France.

Copie de l'arrêté du G∴ O∴ de France

Sur le Rapport qui nous a été fait de la demande de Correspondance formée par le T∴ P∴ S∴ G∴ Consistoire des chefs Suprême de la haute Maçon.ie du Rit Ecoss∴ d'Hérédom ancien et accepté pour les Etats Unis d'Amérique et Dépendances Séant au Point Vertical répondant au 40.me Degré de Lat: N∴

Lecture faite des Pouvoirs donnés à Notre T∴ res Ill∴ et T∴ cher Président Jacques pour représenter ce Grand Consistoire auprès de Nous.

Notre G∴ Orateur entendu en Ses conclusions favorables et Conformes

Nous avons proclamé reconnu et applaudi Notre T∴ Ill∴ et R∴ Président Jacques G∴ Commandeur Jacques comme député du G∴ Cons∴ des Etats Unis d'Amérique auprès du G∴ O∴ de France

Et pour resserrer de plus en plus les liens de l'Amitié et de Correspondance entre Ce G∴ Consistoire et le G∴ O∴ de France,

Avons nommé et constitué nommons et constituons pour nous représenter le T∴ Ill∴ et Souv∴ G∴ Commandeur Joseph Cerneau Notre représentant auprès du G∴ Consistoire des Etats Unis d'Amérique, le prians d'accueillir et reconnaître ce T∴ Ill∴ F∴ et de l'accréditer en Sadite qualité de notre députés auprès de lui.

Pour Copie Conforme

Le Grand-Victoire

AD MAIOREM SUPREMI ARCHITECTI GLORIAM

LA M∴ R∴ GRAN LOGIA ESPAÑOLA DE LA ANTIQUISIMA Y HONORIFICA
FRATERNIDAD DE FRANC-MAZONES DEL RITO ANTIGUO DE YORK, REGULARMENTE ERIGIDA Y
CONSTITUIDA Y EN AMPLIA FORMA INSTALADA EN LA CIUDAD DE LA HAVANA, ISLA DE CUBA,
EN EL 30.ᵐᵒ DIA DEL MES DE NOVIEMBRE A∴ D∴ 1820. A∴ L∴ 5820.

A todos los que las presentes viéren:

SALUD.

SABED: que deseosos de dar al M∴ I∴ y M∴ R∴ H∴ Joseph Cerneau, Venerable Maestro fundador de la primera
Logia de nuestro Rito en este Oriente, un testimonio de nuestro indeleble fraternal afecto y veneracion, le hemos concedido
y por las presentes le concedemos el titulo de MIEMBRO HONORARIO perpetuo de nuestra M∴ R∴ Gran Logia.
Dado al Oriente de la Havana en el 22.ᵈᵒ dia del 12.ᵐᵒ mes mazónico. Anno Lucis 5821. Febrero 22 año de nuestro Señor 1822.

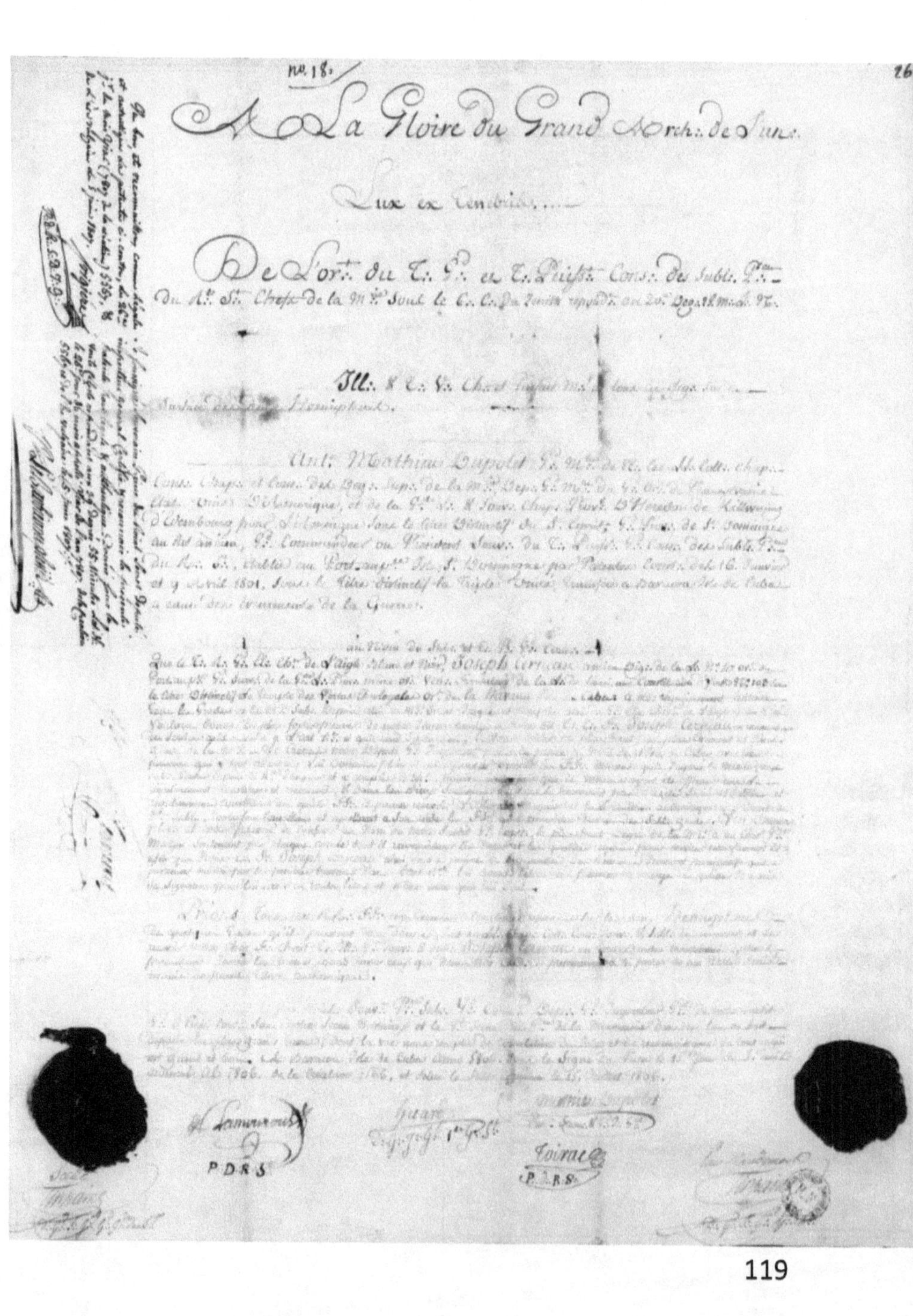

No. 18.

A La Gloire du Grand Arch.: de l'Univ.:

Lux ex tenebris....

De l'Or.: du T.: G.: et T.: Puiss.: Cons.: des Subl.: P.: du R.: S.: ... de la M.: ... le ... du Zenith ... au 20.e Deg.: ...

Ill.: ... Chev.: ... [illegible]

[illegible]

Ant.e Mathieu Dupotet ... Cons.: ... et ... de la M.: ... Etats Unis d'Amerique, et de la ... d'Hérédon de Kilwinning ... St. Domingue ... au Rit ancien ... du R.: S.: établi au Port-au-Prince ... St. Domingue par ... 16 Janvier et 9 Avril 1801, sous le titre distinctif la Triple Union ... à Baracoa Isle de Cuba à cause des ... de la Guerre.

... Que le ... Joseph Cerneau ... [illegible]

[illegible]

[illegible]

... Joseph Cerneau ... [illegible]

... A Baracoa Isle de Cuba ... 1806 ...

Mathieu Dupotet

P.D.R.S.

P.D.R.S.

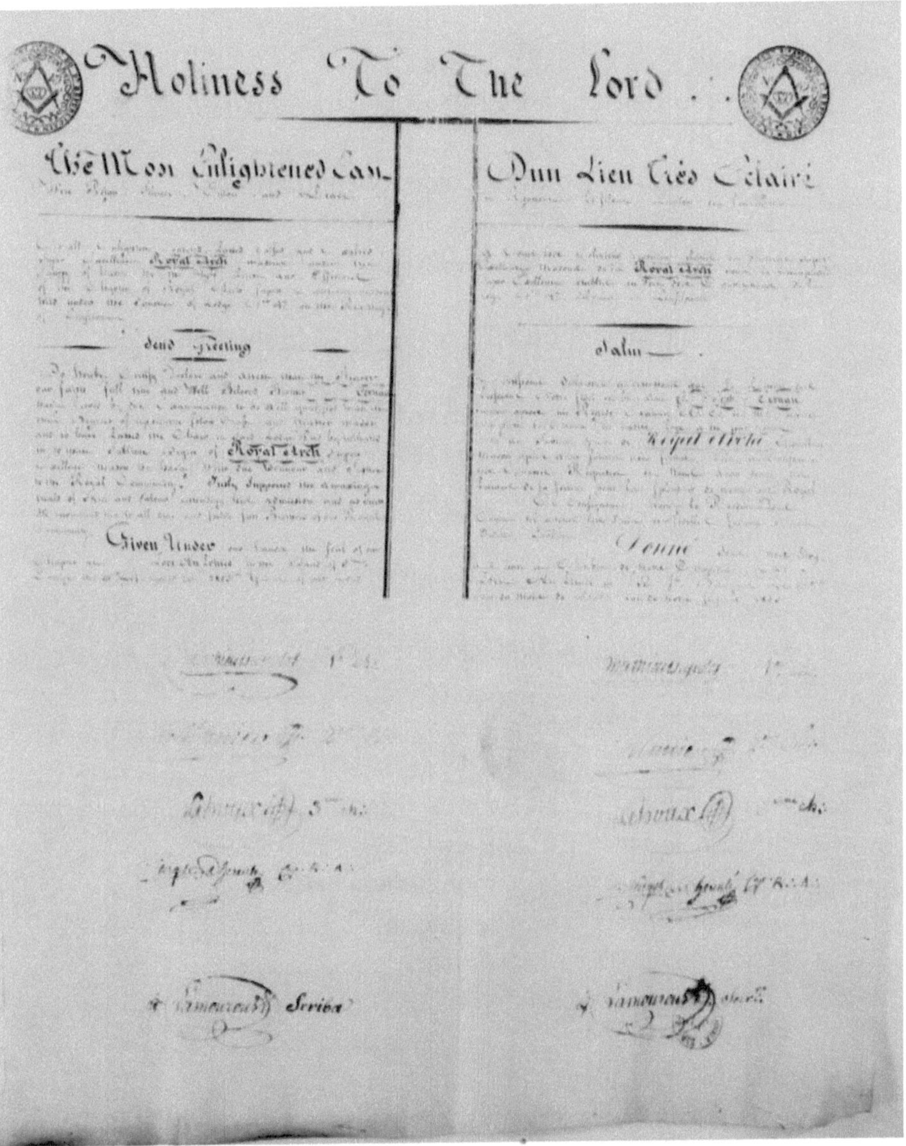

Contenido